蕾《つぼみ》のままに散りゆけり

対馬丸から生還した
教師の魂を娘が辿る

目次

家族の運命を動かしてきた「対馬丸事件」

母が書き残した対馬丸事件の手記

平成二十三（二〇一一）年、母・新崎美津子《あらさきみつこ》が亡くなった。九十歳だった。

母の遺品を整理していると、ノートの切れ端に無造作に書かれた六枚の紙が見つかった。

昭和十九（一九四四）年八月、沖縄決戦を前に、約一七〇〇人の子供たちや介添者を乗せた学童疎開船「対馬丸」が、疎開先に向かう途中、アメリカの潜水艦に撃沈された「対馬丸《つしままる》事件」についての手記を残していた。

対馬丸が沈没した時、子供たちの引率教員として乗船していた母は、海に投げ出された。孫の使い残した小学校のノート用紙には、その時の四日間の漂流の様子が事細かく書かれていた。思いの丈《たけ》を吐露したかのような、母の叫びが聞こえてくるような文章だった。

いつ頃書いたものか、はっきりはしないが、一枚一枚は切り離され、紙の端はボロボロに擦《す》り切れている状態なので、書いた後、何度も読み返したのかも知れない。ここは違うとでも思ったのか、直している部分もあれば、書き足したり、また消してみたり、心の葛藤が見えるようである。

命がけで生き延びた漂流だっただろう。荒波の中で、大海に浮かぶ小さな木《こ》の葉《は》のような筏《いかだ》に乗って、必死に手を放すまいと過ごした時間は果てしなく長く、過酷なものだったに違いない。サメの群れとの遭遇、昼間の照り付ける太陽、夜の凍《こご》えるような寒さ、睡魔と幻覚に悩まされたことが、隙間なく書かれている。

以前、捨てずに取って置いたマス目の大きい低学年用の子供のノートを、何冊か母に渡したことがあった。それには誰に見せるでもなく、心から溢《あふ》れた言葉をそのままに書いたのだろうと思われる。毎日の生活の中で使っていたのかも知れない。普段のメモ書きと一緒に、対馬丸の歌も綴《つづ》っている。

日頃、母が短歌を詠んでいることは知っていたが、「何を書いているの」と聞いたことも、横から覗《のぞ》くこともしなかった。母の繊細な部分には触れないようにしてきたのが本音だ。祖母と自分の短歌を纏《まと》めて出版したいと数年前から話していたのに、果たせないまま、母は突然、人生の幕を下ろしてしまった。

対馬丸事件とは何か、なぜ起きたのか、そして、母が当事者であることをひた隠しにしていたのはなぜなのか。それを解明し理解しなければならないと思い、関連する書籍や資料などを読み漁り、ネットも使って調べた。自分なりに沖縄戦のことも勉強してきたつもりだ。そのため、沖縄に何度も足を運び、取材を重ね記録してきた。

今年（二〇二四年）は、対馬丸事件が起きて、八〇年の節目に当たる。一つの区切りとして、母が関わった「対馬丸事件」、背景にある戦争も含めた大きな流れの中に置き、もう一度考えてみたい。「絶対に、戦争はいけない」と、母は言った。そのためには過去をよく知ることが大事なことではないだろうか。

また、沖縄で起きたこの「対馬丸事件」と、戦後、私たち家族が落ち着くことになった栃木には、沖縄と深い関係にあった人物がいた。沖縄戦において二〇万人の沖縄県人を救ったと言われている荒井退造《あらいたいぞう》である。

太平洋戦争の最中、沖縄県に警察部長として赴任した荒井退造。彼が進めた沖縄住民の疎開事業の中から、対馬丸撃沈事件は起こった。知らされた当初は非常に戸惑い、受け入れられなかった。しかし、沖縄戦における荒井退造や、沖縄県知事だった島田叡《しまだあきら》を描いた田村洋三著『沖縄の島守』（中公文庫）を読み、対馬丸事件と荒井退造の功績について、ある程度柔軟に考えられるようになった。それでも、対馬丸事件の遺族のことはどう考えたらいいのか、悩んだ。こうした相反する感情を融合出来る考え方はないものか。

手掛かりを求めて、沖縄を訪ねた。荒井退造の足跡を追い、那覇市にある県庁・警察部壕にも案内してもらった。貴重な経験だった。このことも改めて詳しく書いていきたいと思う。

今まで、対馬丸事件について、短編として書いてきたものが十数篇ある。夫の友人を通して知った埼玉の文芸誌『復刊　埼東文学』に。約一〇年にわたり寄稿してきたものだ。それらを一つにまとめる作業は一筋縄ではいかないことを実感し、非常に困惑もしている。歴史は一つなのに、それを取材し記述したそれぞれの時点で、同じ事件の受け止め方が異なってしまう。さらに、取材を重ねるごとに知識が深まり、考え方も深まる。母に対する想いも深くなっている。一方で、その時々の感じた自分の気持ちも、大切にしたいとも思っている。

全体的には、どうしても重複してしまう内容が多々あることで、読みにくくなってしまうことがあることは承知の上で、この書を読んで下さる方には特段お許し頂きたいと思う。

母は言った。「私は生きるべき人間ではなかった」と

太平洋戦争末期の昭和十九（一九四四）年八月二十二日、学童疎開船「対馬丸」が鹿児島県悪石島付近で、アメリカの潜水艦ボーフィン号の魚雷攻撃を受け、沈没した。犠牲者は一五〇〇名近い。このうち学童七八四名が海の藻屑となってしまった。

母はこの対馬丸に引率教員として乗っていた。多くの教え子を死なせ、自分は生き残った。

ある時、母がポツンとこぼした言葉にショックを受けた。

「私は生きるべき人間ではなかった」

ぼーっと遠くを眺めているようだった。放心していたようにも見えた。

「ええっ？」

……私は言葉が出なかった。

我に返ったように、普通の会話に戻った。傍《かたわら》にいた娘のことは眼中になかったのか、隠すつもりもなかったのか、この切り取られたような空間は何だったのか、これ以上の会話はなかった。後に話題にすることもなかった。

那覇市にある対馬丸記念館が行った聞き取り調査に、母が答えた記録が残っている（後述）。

「誰にも知られず、あの地平線の下で生きていきたい」

「あの無心な子供たちの死を無駄にしたくない」

娘として、自責の念で苦しい人生を送った母の経験を、このまま埋もれさせるわけにはいかない。死ぬべきだったとか、地平線の下でひっそり暮らしたいと言っていた母。必死に生きてきたあなたの人生には大きな意味があったのだと、亡くなった母に言いたいのである。

母が亡くなったのは平成二十三（二〇一一）年二月七日。一か月後に東日本大震災が起きた。

あの想定外の巨大な津波が海岸沿いの地域を襲い、家々が流される大惨事だった。

人々が流され助けを求めている様子を母に「見せないで良かったね」と言ったのは、神奈川県の茅ケ崎に住んでいる妹だった。連日のテレビから放映される画像は、まさしく対馬丸が沈没した瞬間の状況に似ていた。


母が亡くなって一か月が過ぎた頃だった。私は大阪の新風書房が出した小さな新聞記事を社会面で見つけた。『孫たちへの証言――これだけは次代へ伝えたい（私の戦時体験）』と題して、戦争体験についての証言を募集する記事だった。兄弟たちに了解を得て応募した。締め切り日は迫っていたが、どうしても母の戦争体験を埋もれさせたくなかった。

運よく選の中に入り、載せてもらえることになった。同時に、母の秘密を世間に暴露したことになり、責任の重さを感じさせられた瞬間でもあった。自分が起こした行動なのに、「本当に良かったのだろうか、困惑するようなことにはならないだろうか」と、心細くなった。

しかし、母の遺品を整理していくうちに、そんな不安は払拭された。母のために、「対馬丸事件」のことをこれから世の中にアピールして行こうと強く思ったのも、母が残した短歌の数々を読んだからである。そして、母が言いたかったことも出来るだけ伝えて行きたいと思ったのもこの時だった。

少しでも母の気持ちを理解し、寄り添うことが出来たらと思う強い気持ちが、私にペンを握らせた。何もしなかったら母が余りにも可哀そうだと思うからである。

そして、蕾《つぼみ》のまま死んでいった子供たちが生きていたことを忘れないで欲しいという母の切なる気持ちも放っておくことは出来ない。どんな時でも戦争は絶対にしてはならない。母の強い思いである。

美しきブルーの球の我が地球何故に戦火の絶ゆるとき無き

母は、対馬丸事件、そして戦争について自分の気持ちを語る代わりに、短歌の三十一文字に表していた。生前、歌集を出す計画をたてていたが、果たせぬまま亡くなった。例えば、母は、こんな歌を読んでいた。

「対馬丸で亡くなった子供たちが生きていたことを忘れないで欲しい」という母の切実な想いが短歌から伝わってきた。

さんざめく子等を乗せたる対馬丸我が目の前で魚雷命中す
潜水艦ボーフィン号が発射せし魚雷に沈む我が対馬丸

親を呼び師を呼び続くるいとし子の花かんばせの命の惜しき
聊《いささ》かの疑いもなく乗船しあこがれの本土も見ずに散りたり
いつまでも消ゆることなき少女らの声「宮城先生……」と細りゆく声
海原に我が身一つの悲しさに父母を恋いつつ海に果てたり
はてしなき大海原に父母を恋いつついづこへ果てしか子らは
美しきエメラルドさえ悲しかりき子等は果てにき深き潮に
妹よ堅く握れる手が離れ学業半ばの汝も沈みき

こうした母の歌は、母方の祖母である翁長《おなが》ツルの短歌とあわせて、母が亡くなった翌々年、平成二十五（二〇一三）年に、『紺碧の海から』と題して、ＮＨＫ学園から出版した。

母の「対馬丸事件」を風化させたくない、人びとの心から忘れ去られないようにとの思いを、さらに深く再考しながら、今までその都度取材し書いてきたものを、母の歌も編み込みながら纏めていきたい。それはこの対馬丸のことを語りたがらなかった母の気持ちを理解することが出来たのは、遺してくれた多くの歌があったからにほかならないからである。

父もまた、戦争中のことはほとんど話さなかった。聞いても冗談を交えて返ってくるだけなので本心は分からなかった。しかし父は、心を許していた実の妹には、すべてを話していたようである。そして、その叔母が事細かに父のこと、母の対馬丸関連の出来事を記憶してくれていた。叔母から両親の貴重な話をほとんどすべて聞くことが出来たのは、非常に幸運なことであったし、奇跡に近い現実として、叔母に心から感謝したい。

両親が育った沖縄県那覇市泊

私の両親は、沖縄出身である。沖縄本島の中央にある那覇市泊《とまり》という地区で共に育った。

父興一郎《こういちろう》は、泊で育ったことをとても誇りにしていた。泊という地域は、地域の団結力が強く、生活そのものから子供たちの教育まで、協力し合っていたらしい。「泊会」というのがあったと言って、父の口からよく飛び出していた言葉だった。

父の妹・勝子《かつこ》叔母の話によると、この泊会では、子供たちの学業成績や、空手や剣道などの鍛錬もの、努力して成績を上げた者は表彰されるという制度があったという。つまり、地域全体で子供を育てようとする雰囲気があったそうだ。

沖縄の人たちの情の深さはよく知っている。誰もが自分の子供として接する温かい空気が流れていたのだろうと容易に想像出来る。父もこの中で育ち、恩を感じながら勉学に励み、剣道にも頑張れたのだろう。父も表彰を受けていると勝子叔母が話してくれた。親戚はこの泊に多く住んでいたらしく、叔母も泊出身ということに誇りを持っていた様子が、話し振りからよく分かった。

泊は海に面しており、泊港は座間味島《ざまみじま》や久米島《くめじま》などの離島行き便の発着港となっている。泊港北岸に家を構えていた、もう一人の父の妹ヨネ子叔母は洋装店を営んでいて、船舶の乗組員が客だったそうだ。上得意だったと言っていた。

私にとっても、泊は故郷のように感じられる親近感がある。一九七五年は、沖縄本土復帰を記念して、沖縄海洋博覧会が半年にわたって開かれた年だった。その当時、私は五か月間ほど沖縄に滞在し、父の弟・興伸《こうしん》叔父や妹・ヨネ子叔母の家にお世話になっていた。

その頃、私の趣味が家の間取り図を描くことだった。泊の家の建て替えの時、叔母は私の間取りを採用してくれたのだ。そんなこと何も知らされず、しばらくして泊の叔母の家を訪れた時は驚いた。見覚えのある雰囲気に、びっくりして部屋中を眺めまわす私の顔を見て、叔母は楽しんでいたようである。こんなこともあって「泊」は、自分の家に帰って来たような親しみを感じるところなのである。

父の新崎家と母の宮城家は近所同士だったらしい。父、母とも幼馴染《おさななじみ》として過ごしてきたようである。両親が子供の頃の様子は分からないが、宮城家には広い庭があったそうだ。母の父親は酒癖が悪く、酔っぱらうと手に負えなくなり、近所の家に避難させてもらったのだと母が言っていたのを思い出す。

太平洋戦争中に結婚した両親

父と母が結婚したのは、太平洋戦争が始まったばかりの昭和十七（一九四二）年だった。父は当時、日本の植民地だった台湾にいて、台北医学専門学校で学んでいた。だが、開戦によって軍医が必要となり、父は半年繰り上げで卒業し、ボルネオ、シンガポールに赴いた。

花嫁姿の母（左）と 25 歳頃の父

ちょうど、隣近所で顔馴染だった父と母の縁談がまとまった時期だった。母美津子は舅に連れられ、出征が決まった父に会いに台湾に行った。おそらくその場で、結婚の意思確認をしたのだろう。もとより、お互いに結婚する心づもりは出来ていたらしい。

母は軍服姿の父の写真をもらい、写真と並んで式を挙げた。いわば写真結婚だった。二人が写っている写真はなぜか、残っていない。

父が出征した後、母は訓導《くんどう》（教師）として垣花《かきのはな》国民学校に勤めていたが、昭和十八年、母の兄・宮城唯俊《いしゅん》の戦死による優遇措置で、那覇市の久米にある天妃《てんぴ》国民学校に転任になった。そして昭和十九年、対馬丸事件が起こる。

救助されたものの負傷していた母は、宮崎で祖母ツルとともに療養に専念した。一方、昭和二十年八月の終戦をシンガポールで迎えた父は、その年の暮れ、復員船で帰国する。再会した父は、初めて妻・美津子が対馬丸に乗っていたことを知ったのだった。

戦後、栃木に移住

怪我が癒えた後も、母は沖縄に戻ろうとはしなかった。しばらくして、両親は熊本県佐敷《さしき》町の山村、大尼田《おおにた》に転居し、崖の上に建っていた土壁造りの小さな家を借りた。昭和二十一年、父はその家で開業した。私と一つ下の弟はそこで生まれた。数年後に妹も生まれた。間もなく八代に移った。そこで下の弟が生まれた。

昭和二十九年、母は一番下の弟を負ぶって上京した。父の職場を紹介してもらおうと、東京の日本医師会を訪ねたのだ。そこで母は、「よく、赤ん坊連れで上京しましたね」と言われたそうだ。その当時、現在と違って、熊本から東京までの道のりはとても遠く、子供をあやしながら車中の苦労は並大抵ではなかっただろうと想像する。それ程、沖縄には帰りたくないという母の信念は強固だったのだ。

東京で、夫の恩師が栃木市で開業していると聞いた。その近くにある藤岡村《ふじおかむら》の部屋《へや》という無医村の地区があるので、そこで開業したらどうかと勧められ、父もそれを聞いて納得し、栃木に来ることになったという。その後、昭和三十二年一月、大平村役場から請《こ》われ、村営国保診療所に勤めることになった。

戦争体験を語ろうとしなかった父

屈強な精神力を持っていた父の悲願は、沖縄の地に病院を建設することだった。沖縄に恩返しするという父の願い。栃木で暮らしながら精一杯努力し、模索もしたであろう。

しかし父は、その夢を果たすことなく、平成十六（二〇〇四）年五月、車の運転中に自損事故を起こし、集中治療室から出られないまま、八十五歳で亡くなった。身体の衰えが原因だった。無念であったかも知れない。しかし、父は、沖縄に戻りたくないという母に折れて、強すぎる心を曲げる勇気も持っていたのだ。

厳しい父であった。恨むこともあった。晩年は、母なる山と言われる太平山を歩き、穏やかに過ごしていたように思う。亡くなった父に対しては、尊敬という言葉が自然に出て来る。

父の存命中、家族で対馬丸の話をしたことはなかった。戦地での話も父は一切話さなかった。唯一話したことは、ボルネオだったか、シンガポールだったかの喫茶店に入りクラッシック音楽を聴いたこと、フランス人のラベルが作曲した「ボレロ」というバレエ曲に感動し、忘れられないと言ったことだけだった。

栃木に来てからは、クラッシック音楽の虜《とりこ》になり、大きなステレオを備え付け、全集や単品でと、そのレコードやCDを買い集めるのが父の趣味になった。診察の合間や、休みの時はよく「ボレロ」を聴いていた。

対馬丸事件を語り始めた母——初めての講演

平成十八（二〇〇六）年十一月八日、父に先立たれた二年後で、母は八十六歳だった。栃木市大平町の公民館で行われた「戦争体験を聞く会」が開催され、母が「対馬丸事件」について、講演を行うことになった。

あの悲痛な体験を、公の場で初めて話した日だった。そして、母美津子が六〇年以上も封印してきた心の闇から一歩抜け出した瞬間だった（この「戦争体験を聞く会」開催にあたっては、「太平山麓九条の会」の方たちの多大なご苦労があったことを最近になって知った。このことは後で触れることにする。何より、頑《かたく》なに心を閉ざしてきた母の気持ちを少しずつ溶かして下さったことを感謝したい）。

実を言うと私は、母が講演をするということを、直前まで知らなかった。講演の前日、当時親しくしていた同級生の父親に会った。父の親友でもあり、元大平町町長だった方だ。その方がこうおっしゃった。

「明日、お母さんが何か話すらしいよ」

あまりにも意外なことに、私は驚いた。

「ええっ、そうなのですか！　私も行きます」

と言いつつ、一抹の不満が頭をもたげた。なぜ母は、娘である私に、そんな大事なことを隠していたのだろう？　そもそも母は何を話すつもりなのだろうか。

父が亡くなった後の我が家では、少しずつではあるが、対馬丸のことが話題にのぼるようになった。母自身、対馬丸についてのこだわりが緩《ゆる》んだのだろうか、私が「漂流するって、どんな感じ？」と質問したりすると、「四日間漂流していたよ。波のりが上手になってね。高いところへ行くと遠くまで見渡せたのよ」と、笑顔で冗談交じりの答えが返ってきた。とは言え、その笑顔はかえって、やはりこの件を話題にしてはならないのだと感じさせた。私だけでなく、兄弟たちの間でも、母の本心には触れずにおこうという暗黙の了解があった。

そんな雰囲気だったので、母自身から対馬丸の講演をするとは言えなかったのは当然なことだったと、今ならば理解できる。私も、対馬丸についての母の心情を推し量ると、なぜ教えてくれなかったのかなど文句を言うこともしなかった。

私は母のもとへ行き、明日の講演の場所と時間をさりげなく聞いた。そして、

「私も明日、行くね」

とだけ言った。

「うん」

母は静かに頷くだけだった。母の心情を思い、それ以上、聞かなかった。私の心は落ち着かないまま、次の日を迎えた。

八十六歳の母は、脚力が落ちていた。歩けない訳ではなかったが、会場である公民館では車椅子を使用した。母の介護役のつもりで、私は隣に座った。

六七年間も心の奥の奥にしまい込んできた本心を話そうと決心した母の気持ちは、どれほど不安だったろう。亡くなった子供たちのこと、その親御さんたちのこと、自分が話すことでどういう影響が広がるのか、葛藤の渦に巻き込まれていたのではなかったかと、今だから、私の中にこんな心配も湧き上がってくるのだが、当時は、不安そうな母の横顔を見ることしか出来なかった。

母が紹介され、静かに話し始めた。

「沖縄の海、遭難した七島灘《しちとうなだ》は、いつも荒れている難所で有名な海域なのです」

語り始めた母に、会議室いっぱいに集まってくれた人たちは静かに耳を傾けた。

あの時、自分が家庭訪問をし、子供たちを疎開船に乗せるよう説得しなければ未来ある子供たちを死なせずに済んだのにという後悔の念。船が沈んで海に浮かんでいた子供たちに何もして上げられなかったこと。いつまで続くか分からない大海原での漂流。昼間はギラギラした太陽に照らされ、夜は歯の根が合わないほど寒かったこと。サメの群れに三角波、睡魔や幻覚。「眠ることは死を意味することです」と、九死に一生を得て生還したことを、実話を交えて話したのだ。

何を話すのだろうと、緊張して座っていた私には驚きと衝撃が広がり、立っているのか座っているのかさえ分からず、宙に浮いているような自分を「落ち着け、落ち着け」と抑えているのが精一杯だった。真剣に話している様子を間近に見た時、私は初めて母の本心を知った。

母の死

講演が終わった後、母は数社の新聞記者のインタビューに答えた。私にもマイクが向けられた。娘として傍らに座っているのに、この日の講演を昨日まで知らなかったとか、母の話から受けた驚きや衝撃を素直に語るわけにもいかず、冷や汗かきながら何とか繕《つくろ》った。翌日の新聞の記事を見て自分の言葉を確認する始末だった。

母の講演を聴いたことで、家の中でも、対馬丸のことをある程度オープンに話せるようにはなった。ほかの兄弟たちも同席して母の話に耳を傾けた。しかし、その後もやはり母を気遣うことに変わりはなく、返答が困るようなことは、誰も聞くことはしなかった。

九十歳で亡くなるまで、母は、依頼されて四回話す機会を持った。四回目の講演は、二〇一〇年八月二十一日栃木市の大宮公民館だった。この時は、パソコンのパワーポイントを使い、母の話に合わせて背景を動かした。母も喜んでくれたようでよかったと思った。

五回目の講演に向けて、母は一生懸命準備していた。少し積極的になっていたので私も協力しようと資料を作っていたが、心臓の持病もあった母は、大宮公民館講演から五か月後の二月七日、突然人生の幕を下ろしてしまった。それも大好きな薔薇《ばら》の展示会を観に行った翌々日の朝のことだった。

母の死の直前、薔薇の展示会にて

母が最期に詠んだ歌が手帳に書いてあったのを見つけた時、胸が締め付けられる思いがした。と同時に、連れ出したことに後悔の念が私の中で広がった。この書きかけの歌は、「決してそうではないよ」と、私に言ってくれているように感じるのだ。

母はそういう心遣いをしてくれる愛情深い人だった。

バラ展見る和子と少し残っている心臓のいやしによかったと思う　二月五日

太平山麓九条の会のご尽力

最近になって、母が初めて講演をした時の経緯について何も知らないことに気が付いた。それを示唆してくれたのは、対馬丸事件のことについて何かと気遣って下さっている元小学校校長の鈴木廣志《ひろし》先生だった。

遅ればせながら改めて九条の会の方たちを訪ねて話を聞いた。そして、会員の方々が私の知らないところで、自責の念に苦しんでいた母に対して、思いやりを持って温かく接してくれていたことが分かり、自分の鈍感さに恥じ入る気持ちだった。母も初めは会うのを断っていたようだが、それでも日常会話をしながら、母との信頼関係を作っていく努力をしてくれたのだった。

その中の一人で、元教師の有川章子《ありかわふみこ》さんは、沖縄に知り合いがいらっしゃるとのことで、積極的に資料を取り寄せたり、熱心に「対馬丸事件」について調べてくれた。その上で、毎月、母のもとに通い、いろいろと会話を交わすうちに、有川さんの熱意が母にも伝わったのだろう、家族には話せないことを、信頼し安心して話せる人が出来たようである。母にとっては大きな安らぎの一端を担う存在になっていたのではないだろうか。

そして、理解者を得られたことで、自分が話さなければ対馬丸で亡くなった子供たちが忘れられてしまう、という気持ちになったのではないかと思えるのだ。

こうして行われた半年後の初めての講演で、母は心の重荷を少し下ろすことができた。実際に、講演会が終わった後の感想で、話して楽になったと語っている。以前は、話すと余計に苦しくなると思っていたらしい。

この講演会の準備として、母が栃木に来て長く住んだ横堀《よこぼり》の近所の家々にチラシを配ってくれたそうである。この話をしてくれたのは太平山麓九条の会の大森八重子さんだった。母のためにここまでしてくれたのかと思うと本当に頭が下がる思いである。この時から一七年が経った今、余りにも遅いが、太平山麓九条の会の方たちに厚くお礼を申し上げたい。

母が初めて講演した二〇〇六年十一月八日は、私にとっても、新たに歩み始める人生のスタートに立たされていたのだ。しかし、このことに気付いたのは、母が亡くなってしばらく後のことだった。

対馬丸に死にし子らへの認識が広がりて行くわれの講話に
聴講者の反応嬉しアンケート聴衆の心つぶさにキャッチす
風化させじ短き命の尊さを語りべとなり世にし伝えん
和子の技我に色そえふんいきを盛り上げくるるこの会場に

写真右上／2010年8月21日栃木市大宮公民館の講演会。立っているのがアメリカを代表して謝罪に来た米海軍退役軍人アール・フレンチ・ジュニア氏
写真左上／アール・フレンチ・ジュニア氏と母。母はこの頃「英語を勉強したい」と語っていた

写真中／2007年8月11日小山市市役所での講演会が終わって。後列左より妹・百合子の夫・水越大二郎、私、嫁の綾子、妹・百合子
写真下／2010年8月21日栃木市大宮公民館の講演会。車椅子に座る母の右隣が有川章子さん

一四八四名が亡くなった対馬丸の悲劇

太平洋戦争末期の昭和十九年六月十五日、絶対国防圏内にあったマリアナ諸島のサイパン島に米軍が上陸、日本軍と激しい戦闘となり、七月七日に守備隊は玉砕した。この戦闘に巻き込まれた多くのサイパン在住の日本人は、集団自決や島の崖から飛び降り自殺するなど痛ましい最後を遂げた。その数一万二千人にも及ぶという。

サイパン陥落後、米軍はそこから日本本土への空爆が可能となった。現実に日本の主要都市が空爆され、多くの市民が犠牲になった。

次は南西諸島が狙われると予想された。日本政府は沖縄に兵士一〇万人を送り込む計画を立てた。これにより食糧確保が困難になることもあり、疎開事業は急がなければならなかった。政府は、沖縄から足手まといとなる老幼婦女子、学童とも一〇万人（九州へ八万人、台湾へ二万人）を疎開させることを決定し、通知したのだ。

早速、沖縄県は現地の日本軍と協議し、学童疎開は特に重要であるとして「沖縄県学童集団疎開準備要項」を七月十九日に発令した。

すでに沖縄近海は米軍の潜水艦が数多く出没する危険な状況になっていた。米潜水艦部隊は、日本の商船が使っていた暗号解読に成功しており、日本近海を航行する商船、艦船の待ち伏せ攻撃を強化していた。対馬丸は五日前からその動向が把握されていた。「十六日、対馬丸とその他の船舶が上海から那覇港へ向けて出港する」と、米国潜水艦戦時哨戒報告書の中に記載されている。

八月二十二日、待ち伏せされているとは知らぬまま、学童疎開船「対馬丸」（六七五四トン）は那覇港から長崎に向かって出航し、鹿児島県トカラ列島悪石島付近で、アメリカの潜水艦ボーフィン号の魚雷攻撃を受け沈没した。対馬丸、和浦丸《かずうらまる》、暁空丸《ぎょうくうまる》、護衛艦として駆逐艦「蓮《はす》」と砲艦「宇治《うじ》」の五隻の船団で出航したが、航行速度が遅い対馬丸が標的になり、船腹に魚雷を受け一瞬にして沈没してしまった。

対馬丸（日本郵船歴史博物館所蔵）

先行していた他の船舶も、対馬丸が魚雷攻撃を受け沈没したことに気付いていたそうだ。しかし、二隻の護衛船は犠牲者を一人も助けることなく、二次被害を恐れ、退避行動を選んだのだった。和浦丸にも暁空丸にも疎開児童が乗っていた。

対馬丸には、学童七八四名、訓導含む一般疎開者六五五名、船舶砲兵隊および船員四五名の一七八八名が乗船していたが、一四八四名が亡くなった（二〇一八年八月二十二日現在）。生存者は二八〇名、そのうち学童はたったの五九名だけで

乗船者	1788	学　　童	834
		一般疎開者	827
		船　　員	86
		船舶砲兵隊	41
犠牲者	1484	学　　童	784
		一般疎開者	625
		訓導世話人	30
		船　　員	24
		船舶砲兵隊	21
生存者	280（うち学童 59）	漁船・哨戒戦に救出された一般疎開者	177
		漁船・哨戒戦に救出された船員・砲兵	82
		奄美大島に漂着し救出された人	21

対馬丸の乗船者数、犠牲者数、生存者数
2015 年 10 月 31 日までに氏名が判明した人数。実際には出航当日の朝になって急遽乗船を取りやめたり、無理やり乗船させられた子供がいたり、駆け込みで乗り込んだ人もいて、総数が確定出来ず、氏名が判明できない犠牲者もいる（対馬丸記念館公式ガイドブックより）

ある。生存者の多くは漁船、哨戒艇に救助されたが、二一名は奄美大島に漂着して保護され、村人に手厚い介護を受けて救われた。中には六日間も漂流を強いられた学童もいた。

そして、多くの犠牲者が奄美大島の宇《う》検村《けんそん》、大和村《やまとそん》の海岸に漂着した。村人により手厚く埋葬されたが、あまりの無残さに、正気では出来なかったという。現在は、宇検村の船越海岸に慰霊碑が建てられ、八月下旬に慰霊祭が行われている。

漂流を経て生き延びた人たちには、警察や憲兵から「対馬丸撃沈の事実は決して話してはいけない」という厳重な箝口《かんこう》令《れい》が敷かれ、さらなる苦しい生活を強いられた。

誰にも見られないあの地平線の下で暮らしたい

この対馬丸に学童たちの引率訓導として乗っていた母は、教え子のほとんどを失い、自分だけが生き残ってしまった。

守るべき子供たちが荒れ狂う波間に投げ出され、目の前で溺れて沈んでゆく。必死に声を掛けるだけで手を差し伸べることは出来なかった。茫然とただ見守ることしか出来なかった。こんな辛いことがあるだろうか。

いつまでも消ゆることなき少女らの声「宮城先生……」と細りゆく声
親を呼び師を呼び続くるいとし子の花かんばせの命の惜しき
聊かの疑いもなく乗船しあこがれの本土も見ずに散りたり
子供らは蕾のままに散りゆけり嗚呼満開の桜に思う

晩年の母の手は、柔らかみがなくなり貧弱に見えた。年齢のせいだろうか、右手親指付け根の周りの筋肉がごっそり抜けていたのだ。字が下手になったと言って、通信教育の教材を取りよせ、儘《まま》ならぬ親指に力を込め、一生懸命ペン習字を練習していたのも八十歳を過ぎてからだった。若い頃は書道を趣味としていたので整然とした字を書いていた。それだけに晩年の自書が許せなかったのだろう。

裏返しに見えてくるのは、書き残して置かねばという母の強い気持ちの表れではなかっただろうか。今思うことである。

これらの読みにくい乱れた字を見ていると、八十歳を過ぎた母が思い描いていたのは、二十四歳の時に経験した対馬丸事件、家庭訪問までして子供を疎開させるよう説得したことへの後悔、そして、忘れることの出来ない教え子たちを救えなかったことだったろう。

子供たちの顔が浮かんできて涙が止まらなくなると、『引率訓導たちの記録――学童疎開船対馬丸』(「対馬丸学童疎開引率訓導証言記録プロジェクト・編)という本のインタビューに母は答えている。家庭の中ではそんな様子は微塵《みじん》も見せなかった。母の心の奥は、この苦痛から逃れることは出来なかったのだ。家族には理解出来ない、誰もこの苦しみを共有することは出来ない。一人で悩み苦しみ生きていくしかなかったのだ。

「人間は死ぬわけにはいかない、生きていかなければならない。私は誰にも見えないあの地平線の下で生きたい」

母が語った対馬丸事件――『引率訓導たちの記録』

『学童疎開船対馬丸　引率訓導たちの記録』は、生存している引率教師たち数名の体験談が書かれた小冊子だ。二〇〇九年に編集され、翌二〇一〇年に上梓された。その趣意は、同書の序文に書かれた、財団法人対馬丸記念会会長・髙良政勝《たからまさかつ》氏の言葉にある。

六十五年がたった今、九死に一生を得て助かった訓導たちの多くが学童疎開を語ることなく、子供たちのもとへ逝ってしまった。いま、残された訓導たちに口を開いてもらわなければ永遠に彼らの苦悩を直接聞くことが出来ない。対馬丸記念館開館五周年、事件から六十五年経った今しかないと残された訓導たちに辛い疎開の思い出を語ってもらった。

この引率訓導たちの記録のインタビューに母が答えたものを抜粋し、母の言葉として再現してみたいと思う。

出航当日の港では親御さんに「よろしくお願いします」と頼まれました。まさかこんなことになるとは思いませんから、「分かりました」とお預かりしました。その約束を果たせなかったのですから、親御さんに合わせる顔がありません。すまないという気持ちはいつまでもなくなりません。疎開には妹の祥子を連れて行きました。甲板で海を見ているとロウソクのような形をした魚雷が近づいて来るのが見えました。攻撃されて真っぷたつになったと思います。妹の手を引いて舳先の方へ走りました。妹が足を怪我したと言うのに余裕がなく、「今ちょっと黙って」と言ったとたん横波に払い落されました。怪我した妹にもう少し優しい言葉を掛けてあげれば良かったと悔やまれてなりません。それが妹との最期になってしまいました。

これで私はおしまいだと深呼吸して顔を手で覆いました。一度海に沈むとぴょんと浮かび上がりました。目の前の浮き袋のようなものにつかまりしばらく波間に浮かんでいました。辺りを見回すとそこら中に子供たちがたくさん浮いていて、先生、お父さん、お母さんと呼んでいました。もう阿鼻叫喚《あびきょうかん》です。私は自分がつかまっているのがやっとで、「みんなよくつかまって、つかまって」と声を掛けるのが精一杯で何もしてあげられませんでした。

女の子の「宮城先生、宮城先生」という声がだんだん遠くなっていき、夜が明けて見ると子供たちの姿はどこにも見えませんでした。

端に縄がついている筏が流れてきて、それに六人が乗りました。六人の重みで座っている腰の辺りまで海水に浸かっている状態でした。後は眠気との戦いでした。眠るということは死ぬことと同じでした。うち一人はおばあさんでうとうとしては筏から落ちていました。その度拾い上げていましたが、そのうち姿が見えなくなっていました。高等科の男の子ふたりは「だめよ」と言うのも聞かず、悪石島の島影を目指して飛び込んで行ってしまいました。

筏の上でどの位漂流していたのか分かりません。二十六日に救助されたような気がするのですが確信はありません。その間空腹より喉の渇きと幻覚に苦しめられました。煌々と灯りのついた大きな船が飲み水の入った瓶をいっぱい積んでいるのが見えました。また波が人の頭に見えてきて、いつの間にか筏が神輿になっています。しばらくすると家の近くの白山病院が見えてきて、我が家の前で止まりました。送ってくれたのだと思って降りようとして、はっとして我に返るということがありました。

ある時フカの群れが筏の下を通って行きました。慌ててみんな足を挙げました。筏の六人はとうとう甲辰国民学校の先生と二人だけになってしまいました。今日が最後かも知れないと昔からの知り合いのようにいろいろな話をしました。一緒に救助されましたが、別々に収容され、以後一度もお会いしていません。その方も沖縄には帰らなかったそうです。

鹿児島に着いてからは、対馬丸の関係者に会うと妹の消息をたずねましたが、皆首を横に振るばかりでした。あの時港の周辺まで行けば妹について何らかの情報が得られたかもしれないと思いますが、身体が思うようになりませんでした。あの時痛さをこらえて出かけていたら何か分かったかも知れません。

現在、焼けずに残っていた妹のノートなどは遺品として、ひめゆり平和祈念資料館に展示してもらっています。私より妹の方が勉強もよく出来ましたし、漂流中も私は死んでもいい、妹が生き残ってくれればいいと思っていました。

天妃国民学校の子供たちとは宮崎で合流し、教鞭を執ったもののひどい腰痛に悩まされ、引率訓導として子供たちの面倒をきちんと見ることが出来ませんでした。本当に身体が切れるような痛みでした。

ちょうどその頃、実家の両親が疎開してきたので母といっしょに温泉を転々として治療しました。父は高原の青年学校に勤務していました。戦争で長男と次女を亡くし、子供は私一人になってしまったのに、その私の具合が悪いのですから両親にもずいぶん心配を掛けました。

実は私は疎開に行く前に隣近所で顔馴染の男性と写真結婚をしていました。送ってもらった写真と並んで式を挙げたのです。当時はそういうことも珍しくありませんでした。

軍医として出征していた夫とは宮崎で再開しました。戦後、沖縄に帰りたくない私は、どこか落ち着いて開業出来るところはないかと、まだ赤ちゃんだった二男を背中に負ぶって上京し、日本医師会を訪ねました。教えてもらったのが、栃木県藤岡町の部屋というところでした。たまたま主人の恩師が栃木で開業していたこともあって、主人もその気になったのだと思います。医者のいないところでしたので、ずいぶん忙しくしていました。その後大平町の横堀に移りました。

ここ栃木に来てからは、朝夕地平線を見ては「あの地平線の下で生きることはできないかな」と思っていました。「誰にも見られたくない、自分を隠しておきたい、何かに隠れていたい」という気持ちは今でもあります。親御さんたちとの約束を果たせず、子供たちを守れなかったことで、私が自分を責めているのを知って「助けようとしても助けられるものではない、責任はないよ」と言ってくれる人もいましたが、そう言われても私の気は晴れません。死ぬわけにはいかず、生きていかなければならないけれど、せめて誰にも知られずにひっそりとあの地平線の下で生きていたいという気持ちでした。

私は主人の両親、実家の両親に親不孝をしました。そして夫の兄弟たちにも辛い思いをさせてしまいました。姑にしたら息子は無事に復員して帰って来たのに、沖縄に帰らず栃木の田舎で開業することになったのは嫁のせいだという思いがあったのだと思います。なぜ沖縄に帰りたがらないか知りつつも、「いつ帰るのか」と聞かずにはいられないのです。その母が亡くなる前に沖縄に見舞に行きました。母は私のことを「許す」と言ってくれました。

昭和四十五（一九七〇）年頃から短歌を始めました。対馬丸の歌も何首か作りましたが、その度に涙が出て子供たちの顔が浮かんできます。対馬丸が沈んだ時のことを思うとすぐ浮かんで来るのは子供たちの顔です。

沖縄戦終結五十年を迎えた平成七年六月二十三日『平和の礎』の除幕式典が開催されるこ

とになり、村山富一《むらやまとみいち》首相が来賓として出席されることを新聞で知りました。すぐに日頃親しくしていただいている参議院の議員さんの事務所を訪ね、「ぜひ村山首相の挨拶文の中に対馬丸のことも触れてほしい」とお願いしました。さっそく問い合わせて下さり、その時点で来賓式辞は出来上がっていて、複数の係官の判が押されていたそうです。わざわざその式辞に対馬丸のことを書き加えてもらいました。そして私はその式辞を聞くために沖縄に行きました。除幕式に出席して、大きな荷物を下ろしたような気持ちがしました。

この頃一人でぼーっとしていると、昔懐かしい歌が聞こえてきます。また時々赤紫のもんぺを履いた女の子が私の側に座っています。目で見えるわけではなくて、ちょうど耳元で音楽が聞こえてくるように、そこに居る気配がするのです。そしてその女の子が私に「先生、あまり悲しい顔しないで」と言ってくれます。そうすると「ああ、子供たちも私のことをいつまでも悲しませたくないのだ」と思うのです。

これからも、人間は悪いところに転んでしまうかもしれない。でも戦争は絶対にだめ、という時代になってほしい。対馬丸で子供たちを失った私の気持ちです。

（平成二十一年四月当時）

沖縄に帰れなかったもう一人の教師

『引率訓導たちの記録』に登場するのは、母のほかにお二方である。

那覇国民学校の元訓導　糸数裕子さん（旧姓石川）二〇二二年九月死去
甲辰国民学校の元訓導　Y・Mさん　二〇一九年十一月死去

甲辰国民学校の元訓導のY・Mさんは、対馬丸が撃沈された時、海に投げ出されて母と一緒の筏に乗り合わせ、四日間の漂流を共にした方である。

Y・Mさんについて母はこんなことを言った。

「海の上で初めて会った方だった。筏の上では二人で並んで座った。そして、昔から知っている友達のように色々な話をしたよ。今日が最後、今日が最後かもしれないと、今までの人生のこと、生活のこと本当にいろんな話をしたのよ。助けられたと聞いていた。でも会ったことはないのよ。この方も沖縄には帰らなかった」

電話では話したことがあると言っていたが、この時どんな話をしたのか聞きたかったが、相槌だけで終わってしまった。今になると、母が対馬丸の話をするようになってから、もっと聞いておけばよかったと思うことの一つである。やっぱり、心ない質問のようで当時は聞けなかった。

母が亡くなってから、京都に住んでいらっしゃるY・Mさんに電話で連絡を取ってみた。

「あなたのお母さんと一緒でしたよ」

それ以上の詳しいことは話してはくれなかったし、私も聞くことはしなかった。何となく母と同じ雰囲気を感じたのでそうさせたのかも知れない。後日お会いすることだけ約束して電話を切った。

しかし、Y・Mさんは約束の前日になって、「来ないでね」という電話を、お嫁さんを通じてくれたのだった。母と漂流をともにしていたY・Mさん、本当にお会いしたかった。とても残念だった。でも、Y・Mさんの声はしっかり耳に残っている。

「子どもを亡くした親御さんの立場に経てば、生き延びたことを責められても仕方ありません。そうは思いつつも、そう思うたびに胸に突き刺さるものがあり、六十五年経った今も辛いのです」

と彼女は、『引率訓導たちの記録』で語っている。

やはり、沖縄に帰れなかったY・Mさん。とうとう心を開くことが出来なかった。

対馬丸事件が心に及ぼす影響は、ほんとうに残酷なものだと思う。

マカトおばあちゃんと、嫁としての母

父方の祖母マカトおばあちゃん

母が亡くなって、二年余りが過ぎた頃だ。

私の大好きだった父方の祖母マカトの三十三回忌が、六月に沖縄で行われることを知り、必ず出席すると決めた。それには一つの強い思いがあった。

三十数年前、沖縄で行われた祖母の葬儀の日には何を置いても、駆けつけるべきだったのに行けなかった。私はマカトにとって初めての孫であり、一番可愛がってくれたことを良く覚えている。他の兄弟よりも贔屓《ひいき》されていたことも感じていたが、後ろめたさを感じながらも甘んじてしまったという苦い思いも残っている。

しかし、遠く沖縄と栃木との距離感があることをよいことに、祖母が亡くなったというのは考えないようにしていたというのが正しいかも知れない。「マカトおばあちゃん」は、沖縄で元気に暮らしていると思いたかったのだ。葬儀に出るというのは否が応でも祖母の死を認めることに

2014年10月5日、祖母マカトの33回忌に新崎家の墓前で。左から私、ヨネ子叔母、親戚の叔母

なってしまう。大好きな祖母の死を受け入れることが出来ず、葬儀の時は、自分の中で理由を作ってしまい、行かなかったのだ。行けば自分の身体も心もガラス細工のように壊れてしまうようで恐ろしかった。

実は、祖母が亡くなってから今までに沖縄には何度か行っている。祖母が眠っているお墓にも幾度となく連れて行って貰っている。その度に手を合わせてお参りしているが、心の中では未だに祖母の死と向き合えていない、どこかよそよそしい自分がいるのだった。このことが心の重みとして胸の奥に圧《お》し掛かっている。長年、悔恨の情として拭い切れずに時間が経ってしまった。

沖縄のお墓は、屋根付きの大きな墓石の前に広々とした場所があり、清明祭《シーミー》などの行事の時は、近しい親戚が集まり、手作りの料理や色とりどりの食べ物をお供えしてお参りする。その後には、皆でそれらを頂く。親族の繋がりを確認し合いながら賑やかに食事を楽しみ、情を深めていく、そんな温かみのある場所なのだ。

今回の法事では、あの優しいマカトおばあちゃんが眠る墓前で、話し掛けながら手を合わせ、病気見舞いに行けなかったことや、最期にも会えなかったことを心から詫びたいと思った。

そしてもう一つ、どうしても気になっていることがある。それは沖縄に帰らなかった息子夫婦、つまり、私の両親のことだ。祖母マカトは、私の母である嫁の美津子をどう思っていたのだろうか。沖縄に帰って来ない嫁に対して、憤り嘆いたり恨んだりしたことはなかったのだろうか。優しく、穏やかな祖母だったので、心の内で一人悩んでいたのではないだろうか。

対馬丸事件で引率した学童を死なせ、一人生き残った母の辛かった気持ちが少しは分かるようになった今だから、母を弁護する言葉が言えるはずだ。

祖母の墓前で母の弁解をして許しを請《こ》いたい。天国の母が少しでも安らかでいられるように。

「マカトおばあちゃん、どうか母の我《わ》が儘《まま》も許してあげて下さい。娘の私も一緒に謝りますから……」

沖縄と栃木と往復していた祖父母

先の大戦中、沖縄に戦火が及び地上戦の恐れが出て、祖父母は親戚と共に宮崎に疎開した。終戦一年前のことだった。

父は軍医としてすでに出征していた。母は学童疎開船に引率訓導として対馬丸に乗った。対馬丸は米潜水艦に狙われ沈められたが、母は九死に一生を得、生還した。父も終戦の年の暮れに帰国し、親の疎開先を探し合流した。

終戦後、軍医だった父は熊本県八代《やつしろ》市で開業した。子供四人と祖父母も共に暮らすようになった。しかし、祖父母は故郷の沖縄に軸足を置いていたのではないかと思う。鹿児島には娘夫婦が住んでいて、沖縄と鹿児島、熊本を行ったり来たりしていたように思う。

沖縄では、祖父母はどういう暮らしをしていたのか、よく分からなかった。沖縄の従妹に聞いてみて分かった。やっぱり不自由な暮らしを強いられていたのだ。終戦直後とは言え、本来なら生まれ故郷の沖縄で長男夫婦と共に落ち着いて過ごすべきだったろう。その長男は栃木へ行ってしまい、帰ろうとはしなかったのだから、祖父の苛立ちはかなりのものだったのではと思う。

私たち家族は、八代から栃木に越して来て暮らすようになった。母の強い希望で、なるべく東京に近い場所ということで栃木に落ち着いた。沖縄から遠く離れた栃木に来てからも、祖父母は沖縄との間を数か月から半年くらいで往復していたと記憶している。寒くなると沖縄に帰っていたと思う。みかんが冷たいと言って、祖母は炬燵《こたつ》で温めて食べていたことが微笑ましく、懐かしい思い出になっている。

心を閉ざした母

母が教師になって初めての赴任先は、国頭《くにがみ》の久志《くし》尋常小学校だった。そこへ三歳年上の兄、唯俊の戦死情報が入った。唯俊は陸軍士官学校を経てパイロットの教官をしていたが、訓練中の飛行機事故だったらしい。

その兄の優遇措置として、母美津子は那覇市中心部にある天妃国民学校に転勤となった。まもなく学童疎開の話があり、引率訓導として対馬丸に乗ることになった。

美津子は妹の祥子《よしこ》を連れて乗船していたが、米潜水艦の放った魚雷が対馬丸に命中し、甲板にいた母と妹は海に落とされた。そして、妹とは二度と会うことはなかった。母は漂流四日目に漁船に助けられた。

対馬丸事件で生き残った母は、それ以来心を閉ざしてしまい、五〇年以上も事件のことを口にすることはなかった。海を渡ることを極端に嫌い、沖縄に帰ることを強く拒んでいた。

しかし、父興一郎の母マカトは、息子の興一郎夫婦が沖縄に帰って来るのを、心待ちにしていたに違いない。いつまでも帰って来ない。いつ帰って来るのか。嫁美津子が対馬丸に乗って、運よく助かり、重傷を負ったことも知っている。沖縄に帰って来て充分な療養をして欲しいと心では、願っていたに違いない。

それでもマカトは、直接美津子に対しては、不満も強い言葉もかけていなかったらしい。それは後の叔母との会話で分かるのだが、それは美津子の心の痛みを理解してくれている祖母マカトの真の優しさ、思いやりであり人間の大きさだと思った。これが私の大好きな尊敬している「マカトおばあちゃん」なのだ。

それに、孫たちへの教育もしっかりやってくれた。私の日々の生活の中でも、母が苦手だった家事については、祖母のお陰だと感謝する事柄が多いのである。

戦時中、衛生兵をしていた祖父・興順《こうじゅん》は、医者になった長男の興一郎に大いに期待を寄せていただろう。沖縄で医師として働いて欲しいと思ったに違いないのだ。やはり、沖縄に帰って来て欲しい気持ちは、祖母以上に強かったのだと思う。

陽気な祖父・興順の苛立ち

祖父母は、一年のうち半分ぐらいは栃木で暮らしていたと思う。栃木にいる時、祖父はよく近くの小川に魚釣りに出かけていた。母が毎朝、お茶請けとして出していた蒸《ふ》かしたサツマイモの皮を魚の餌として残しておいた。私も時々、祖父と一緒にミミズを探したりして、釣りに付いて行った。その頃は雑魚に混じり鮒《ふな》が釣れた。ドジョウやヤツメウナギ、アメリカザリガニが居たりして、川遊びも楽しかった。

祖父は孫と過ごしているうちは気も紛れていただろう。だが、根底にあったのは、息子夫婦がいつ沖縄に帰るのかということだったと思う。

この頃、下の弟妹《きょうだい》は小学校と幼稚園に通っていた。母は子供たちの教育に忙しかった。診療所はいつも患者さんで溢れていたというから、父も忙しかったのだろう。それにお手伝いさんが一人いた。こんな環境が功をなしたのか、両親と祖父が言い争ったことなどは見たことがない。祖父・興順にしてみたら、息子夫婦を説得して沖縄に連れて行きたかったに違いないのだから、時には声を荒げることがあってもおかしくない。

興順は陽気な性格も持ち合わせていた。その頃、家にあった蓄音機で民謡など沖縄音楽を掛けては踊っていた。沖縄の人々は少し嬉しいことがあるとカチャシーという沖縄独特の動きで踊りだすのだ。その蓄音機を回す役目は私だった。針は竹製と鉄のものとがあった。鉄製は値段が高いと言いながらこちらばかり買っていた。先がすぐ摩《す》り減るのでよく取り替えてあげた。

興順は短気な性格でもあったので、何が原因だったのか、一度憤慨して、家の板塀に沖縄空手を使って穴を空けたことがあった。

「また短期起こして」

と祖母がたしなめていた。

幼かった私は、ただ一度だけこんな状況に遭遇しただけだが、いつも家にいた母は、どれだけ辛い思いをしただろう。こんな風にイライラしている舅を見ている母は、その原因が何であるかよく分かっていたのだ。

祖父は肺の病気を患っていた。昭和三十四（一九五九）年、六十七歳の時、栃木で亡くなった。医者が少ない沖縄に病院を建てて欲しいと願っていた祖父の思いは叶えられなかった。

義母マカトに謝った母

母美津子は沖縄に居たマカトの病気見舞いに行った時、沖縄に帰れなかった事を泣きながら謝ったという。祖母は昭和五十七年に亡くなった。

いつの頃だったか、母が感慨深そうに言ったことがある。

「おばあちゃんに『許す』と言われたよ」

この一言だった。多くは語らなかったけれど、その時の母の顔は安堵感に満ちていた。

「沖縄に帰れなかったのは自分のせいだ。四人の親に親不孝をしてしまった、夫の兄弟にも苦労を掛けてしまった」

と聞いたのも、母が亡くなる数年前のことである。

マカトの娘・勝子叔母

そして祖母の三十三回忌を迎えた二〇一四年秋、私は、両親と祖母マカトの心の軌跡を追ってみたいと思い、大阪で娘夫婦と暮らしている父の妹・勝子《かつこ》叔母を訪ねることにした。

父興一郎が亡くなって一〇年。戦争の事や戦地での出来事など聞きたかったが、教育、躾《しつけ》に厳しかった父は、心の内など何も話してはくれなかった。母美津子も三年前に亡くなった。

勝子叔母はマカトの長女で、すでに九十歳を過ぎていたが、明るくいつも前向きで優しい。それに記憶力がとてもいいのには驚かされる。私の両親のことを語れるのは、この叔母しかいない。

九月も半ばを過ぎたとはいえ、まだまだ夏、という言葉がぴったりする季節だった。新幹線で新大阪まで行き、そこから電車を乗り継ぎ富田林《とんだばやし》まで行った。バスから降りた時には、もう日差しは穏やかに柔らかくなっていた。

バス停からはそんなに遠くないところに従妹の家がある。ウキウキする気持ちを抑え、玄関のチャイムを鳴らした。叔母は玄関先で満面の笑みをたたえ、「よく来たね」と迎えてくれた。数年前にも会っているが、だんだんマカトおばあちゃんに似て来ている。

「マカトおばあちゃん？」

つい口から出てしまった。

「そうよ、マカトおばあさんの娘だもの」

思わず自問自答してしまった。

この時の雰囲気はまるで、可愛がってくれたあのおばあちゃんがここに居るようで、私をすっぽり包み込んでくれる温かな空気が漂っている。従妹夫婦も気持ちよく迎えてくれる。叔母は次女夫婦と暮らしていて、とても幸せそうだ。その叔母の笑顔に会えるのが嬉しくて、思わず遠慮を忘れて子供のように甘えてしまう。

「律ちゃん、お世話になります！　今日はありがとう！」

と、出迎えてくれたいとこの律子にも、早々《そうそう》に挨拶を済ませ、叔母の部屋に上がり込んだ。その部屋にはいろいろなものが置いてあるが、その雰囲気はなぜか懐かしさと親しみが湧き、すぐ馴染んだ。

叔母が一日を過ごしやすいようにテレビや回転いす、テーブルなどがいい具合に置いてある。趣味の編み物やメモ用紙などはしっかり者の叔母らしく、気配りされて置いてあった。叔母が不自由なく、幸せに暮らしている様子がよく分かり、安心した。

話好きの叔母は嬉しそうに話し始めた。よどみのない話しぶりに思わず引き込まれた。緊張の糸もほぐれ、柔らかな真綿に包まれたような心地良さを感じ、来て良かったと心から思った。叔母の所に来てあまり時間も経っていないのに、私はもう、その部屋の空気に溶け込んでしまった。

「美津子に、沖縄に帰れとは言うなよ」と言ったマカト

勝子叔母は、マカトおばあさんが病気をしていた頃の話をしてくれた。

この頃、叔母はマカトを看病するため、暫くの間、祖母が住んでいた二男の興伸叔父宅に滞在していた。この時の様子を勝子叔母は感慨深そうに話した。「こんなことは今までなかったよ」と、とても貴重な時間だったと満ち足りた心の一端をのぞかせた。

母と娘に戻り、二人だけで若い時からの話やいろいろな話をしたという。貧しかった時代を、

叔母が祖母を助けて乗り切った裏には、数知れぬ苦労があったが、不満を言わず愚痴もこぼさない母親だったという。

マカトおばあさんは病床にあった時、対馬丸に関して美津子のことを、こう話したそうだ。

「美津ちゃんはあんな辛い思いをしたのだから、沖縄に帰れとは言うなよ」

それを聞いた時、私は胸が詰まってしまった。叔母も心なしか目が潤《うる》んでいた。祖母に対して今まで以上に敬愛の念が強くなった。祖母マカトの若い頃の話は興味深く、私が一番聞きたかったことだった。

「お疲れ様、お茶をどうぞ」

と、律子がお茶とお菓子を運んで来てくれた。三人でしばらくの間、歓談した。

食事時になっても会話は途切れず、律子の心のこもった料理を、上げ膳据え膳で頂いた。食事中でも叔母の話は途切れず、慌てて録音のスイッチを入れ、食べながらメモも取りだした。大阪滞在中、叔母といっしょの時はこんな調子だったので、出されたものを頂き、下げてもらうという最高のもてなしに気を良くして、迷惑を顧みず三泊もお世話になってしまった。四日間も叔母を一人占めしたのである。

「律ちゃん、ごちそうさま！　お料理、おいしかった！」

申し訳なくて、何度も言った。

父・興一郎の功績

祖母マカトは明治三十三（一九〇〇）年、沖縄で生まれ、疎開していた一時期を除き、生涯のほとんどを那覇市で過ごした。

マカトの父は漢学者で、祖父は琉球王府に仕えた書記官だったという。

「女は学問する必要はない」という時代だったので、マカトはカタカナの読み書きは全く出来なかった。しかし、難しい漢字は読めたそうだ。

マカトと夫・興順との間には四人の子供があり、長男興一郎、長女勝子叔母、次男興伸、そして、きょうだいの故郷沖縄市泊でマカトと長く生活を共にした次女ヨネ子だ。

マカトの夫・興順は県庁の職員で、沖縄伝統の織物や染め物などの指導者だった。一家は安定した生活を送れたはずだった。しかし親戚の負債を肩代わりしていたことで、いつも貧しかった。妻のマカトは家計を助けるため、パナマ帽の材料になるパナマ草の選別などの仕事につき、毎日忙しく働いた。マカトはどんなに忙しくても、不平不満を言うことはなかった。

勝子叔母は言う。

「母が文句を言うのを聞いたことがないし、大きな声を出しているところも見たことがない」

マカトの若い頃の一面を知り、優しく穏やかで上品な祖母の姿が浮かび上がって来る。

勝子はいつも忙しい両親に代わって家事全般を受け持ち、勉学にいそしむ兄を助けた。そして、自分自身も勉強しながら高等女学校を卒業し、銀行に勤務した。

長男優先、優遇の時代である。興一郎は特待を受け、医師となり両親やきょうだいの期待に応えた。それでも興一郎は驕《おご》ることなく、自分が今あるのは両親や、勝子をはじめとするきょうだいたちの助けがあってこそだということを忘れなかった。以前、この頃の話も叔母に聞いていたからある程度理解している。興一郎は妹・勝子には本心を打ち明けて何でも話し、相談もしていた。

「今、自分が恵まれた環境にあるのは、沖縄の両親と勝子たちのお蔭だ。老人ホームを建てたいが栃木に建てるとは表立っては言えない。沖縄には恩を返せなかったが、沖縄も栃木も日本、同じ日本に建てるのだからいいのではないか」

後列中央が祖母マカト、後列右は叔母ヨネ子

と、興一郎は自分自身を納得させていた。そして、興一郎の後を継いでいる次男、医師の興二にその判断は任せたという。
やはり、父・興一郎は栃木に根づいてしまったことを、自分からは言えなかったのだ。これは、沖縄には帰れないと覚悟を決めた時の父の本心だった。
三十八歳で一家を連れて熊本県の八代から、栃木に引っ越して来た父は、一生懸命地域の医療に尽くした。父が亡くなって随分経つのに、思い掛けなく娘の私に感謝されることも多く、戸惑いながらも父の功績が大きかったことを今さらながら感じる。

興一郎は七十代半ばに、栃木県栃木市大平町に老人ホームを創設した。地元に大きな貢献はした。しかし、父には沖縄に帰って病院を建てたかったという夢があった。興一郎の両親もそれを沖縄で実現して欲しいと期待していたのに違いなかった。それに、勝子や沖縄に居る弟や妹の期待にも報いたいと思っていただろうし、父は家族それぞれの切ない思いの狭間で、苦しい思いをしていたのだ。あの強い父がみんなの期待に添えないことで悩み、辛い思いをしていたのだと思うと哀れに思えて仕方がない。

マカトの人生八六年の間には、先の太平洋戦争がある。その末期に沖縄で展開された壮絶な地上戦。住民や年端もいかない学生たちが巻き込まれ、多くの犠牲を強いられて悲惨な結末を生んだ日米最後の決戦、沖縄戦があった。あの戦争さえなければ祖父母は、沖縄で病院建設した医師の長男と、家族、親戚、地元に貢献していることに満足して幸せに暮らしていたと思う。

母にとっての沖縄

母・美津子にとっての沖縄は生まれ育った懐かしい地である。それなのに、帰郷する時には、人目を忍んで帰ることしか出来なかった。沖縄に向かっているというだけで、気持ちが重く苦しく切なくなる。今まで避けて生きて来た、あの瞬間の恐ろしさが、脳裏を突き刺すようであったかも知れない。

昭和五十六年の春、義母の見舞いのため、母は沖縄に向かっていた。母は無言で飛行機の座席に座り那覇空港に到着するのを待っていた。沖縄に近づくにつれ飛行機は高度を下げていく。その窓から見える海は太陽に反射してエメラルドグリーンに光り、眼下には紺碧《こんぺき》の海が広がっている。

「沖縄の海だ！」

珊瑚礁《さんごしょう》で囲まれたその美しさは、言葉で言い表せないほど素晴らしい。何度見ても感動し、郷愁に浸れるものなのに、あの時と同じ海なのだろうか。否が応でも思いだされてしまう。

「子供たちの親に会うのが恐ろしい、本当に怖いのよ」

と言う。美津子が悪いわけではない。それなのに、どうしてここまで怯えなければならないのか。故郷に帰る度こんな思いをしながら旅した母美津子の胸中を思うと、哀れで涙が止まらなくなる。

病床の義母マカトを見舞うため、美津子は那覇空港に降り立った。迎えに来てくれた優しい義弟、興伸《こうしん》の顔を見てほっとした。

美津子は病床の義母に今までの不義理を詫び、許しを乞うた。マカトは万感の思いを巡らせながらも、笑顔を見せた。それを見た美津子は、どれ程心を軽くしたことだろうか。

勝子叔母は、母マカトに言われたという「美津ちゃんには、沖縄に帰れと言うなよ。決して責めてはいけない、何も言うなよ」という言葉を、もう一度話してくれた。優しい祖母マカトの言葉には涙するばかりだ。

その優しさを受け継いでいる勝子叔母もまた、母美津子に言った言葉がある。
「美津ちゃん姉さん、責任を一人で負うことはない、国が悪いのだから。この世から戦争がなくなるように、また、生きている人をあなたの魂で守って欲しい」と。

颪のなく波もおだしき旅日和飛行機の窓にエメラルドの海
ふる里の眼下の波もおだしくて下降につれて白波動く
花の国うるまの島はお伽の郷出迎え呉るる弟に安堵す
ふる里は無沙汰の我をやさしくも迎えてくるる母のふところ

（新崎美津子）

戦争を起こしてはいけない

沖縄には数々の戦争の爪痕が残されている。その一つに「壕《ごう》」の悲劇がある。自然の洞窟や洞穴を利用した防空壕のことである。負傷兵の治療に当たる野戦病院として利用された巨大な「壕」。ひめゆり学徒隊、白梅学徒看護隊のいた「壕」には米軍によってガス弾を投げ込まれた。手榴弾を渡され、自決を余儀なくされた場所だった。沖縄戦末期には途方もない数の住民が「壕」で自決した。本を読んで知識を得るしかないが、過去の歴史は決して忘れてはいけない。

生前、母が言った言葉には重みがある。

戦争はいけない。

戦争を二度と起こしてはならない。

母美津子は三人兄妹だったが、兄は熱望して入った陸軍士官学校を卒業。その後、パイロットの教官をしていたが、その訓練中の事故で亡くなった。そして妹は、姉と共に対馬丸に乗り帰らぬ人となった。母の想いが詰まった歌がある。

一高女四年の妹汝《な》が才を惜しめど惜しめど還ることなし
帰り来ぬ青い潮に花と散り永遠の別れとなりて悲しき
妹は制服のままに初々し色白のかんばせ永遠に忘れず

（新崎美津子）


母方の祖母、翁長ツルもまた、八十七歳で亡くなるまで戦争の話は一切しなかった。長男に続き、対馬丸事件で次女を亡くし、さらにこの対馬丸に乗った甥や姪を亡くしていたのだ。

祖父母とも教師をしていた。祖父は沖縄水産高校で英語を教えていたそうだ。一人息子を亡くした時の祖母の嘆き悲しみを詠んだ歌がある。

鉄槌の一撃なりき夢を裂きて吾子戦死との深夜の電話
夢にあれこの夢醒めよ戦死とは誤報にてあれとひた祈りたり
母さんはもう泣かないよと霊前に誓いぬ軍国の母と呼ばれて

（翁長ツル）

祖母ツルも短歌を数多く遺してくれたお陰で、沖縄戦当時の暮らしぶりや戦時中の考え方、また終戦当時の混乱などが良く分かる。また政治にも深く関心を寄せ歌に詠み込んでいる。

戦争をさけて逃げくる避難民満ち潮の如く村にあふれき
家という家にあふるる避難民納屋も厩もすべてに溢る
降伏の玉音などはデマなりとわれら最後まで信じて居りき
無条件降伏などと口にする我娘を怒りぬわれはひとすじに
乱れ糸ほぐせる人と恃みつつ市川房江を国会へ送る
国政の裏は知らねどひた望む金も党派も要らぬ選挙を

（翁長ツル）

テレビ取材を通して対馬丸の遺族と初めて対面

ＮＨＫ沖縄から取材申し込み

二〇一四（平成二十六）年五月二十五日は、私にとって、大事件に巻き込まれたような日だった。それは文芸誌『埼東文学』の合評会が終わった後に、ＮＨＫ沖縄放送局のディレクターに会うという約束があったのだ。

数日前から「対馬丸事件」に関して電話取材は受けていたが、いきなり「上野さんにお会いして取材したい……」と言われた時は、戸惑った。

えっ、わざわざ沖縄からテレビ局が来て私を取材する？

対馬丸事件のことを？

どんなふうに……？

母が関係した「対馬丸事件」をＮＨＫ沖縄放送がピックアップしてくれたことは大変嬉しかっ

たので、取材自体は承諾したのだが、不安だらけだった。

埼玉県草加駅前の指定された喫茶店で、NHK沖縄のディレクター成清恍太《なりきよこうた》さんと待ち合わせた。放送用の取材の前の打ち合わせである。

目の前に現れたのは、意外にも二十代と思える若い青年で、戦争の取材なのに大丈夫かしらという不安をよそに彼は、放送する番組の内容とその趣旨を丁寧に説明し始めた。以前の電話で「よく勉強して行きますから」と話していた通り、こちらの状況を説明するまでもなく把握していてくれた。さすがだなと思っているところへ、彼は見慣れた本を取り出した。二年前に自費出版し、対馬丸記念館に寄贈した『紺碧の海から』だ。

太平洋戦争末期に起きた「対馬丸事件」の引率教師だった母、そして、このことが原因で離婚を余儀なくされた祖母。この二人が戦争に翻弄された思いを綴った遺した短歌と、私自身の随筆を付した短歌集である。怒濤を貫き、生き抜いてきた母の人生を、このまま埋もれさせてはいけないと出版したのだ。

喫茶店でのインタビューは、成清ディレクターの的を射た質問が続き、短時間で「対馬丸事件」の核心の部分にまで話は進んだ。子供たちを死なせてしまった母の胸の裡を話していくうち、感情が込み上げてきて、涙さえ出てしまった。母が亡くなり、数年経った今、その気持ちがより理解出来て話せるようになったということなのかも知れない。私が言葉に詰まり、話せなくなっても成清さんは、じっと待っていてくれた。その心遣いに安心して色々なことを話すことが出来た。

テレビ取材を通して対馬丸の遺族と初めて対面

「それほどまでに、あなたを強く突き動かしているものは何なのでしょう」

一言では答えられなかったが、私にとっては意を得た質問だった。

「船が撃沈され苦労の末生還したのに、人目を忍んで生きなければならなかった母の一生。このままでは母が可哀そう。母の人生には大きな意味があったはず。それを娘の私が証明したい……」

一九四四（昭和十九）年八月二十二日、長崎に向かっていた学童疎開船「対馬丸」がアメリカの潜水艦ボーフィン号の魚雷攻撃を受け、七八四名の子供たちを含む一四八四名が船と共に犠牲になった対馬丸事件。

台風が近づいていた漆黒の大海原に、多くの学童や民間人たちが投げ出された。母の漂流は四日間に及んだ。暑さ寒さ、高波、獰猛《どうもう》なサメとの遭遇、目の前の教え子たちを救えなかった辛い思いを抱え生還した。

後年、母はあの地平線の下で暮らしたいと話していた。誰にも見られないところでひっそりと暮らしたい、そう思っていた母の気持ちを考えると痛ましく、哀れで仕方がない。対馬丸事件で亡くした子供たちの親には顔を合わせられない、恐ろしくてとても会えないとも話していた。

アメリカに制海権を握られた不安の中、やむなく疎開させることを決めた親たちは、引率教師に子供を託すしかなかった。何度も頭を下げ頼まれた教師たちは「分かりました」としか言えなかった。

漂流をやっとの思いで生き延びた僅か五九名の幼い学童たちは、箝口令が敷かれていたために親にさえ話すことを禁じられる、苦しい生活を強いられた。

九十歳で亡くなるまで自責の念から離れることはなかった母だった。

こんな状況に置かれていた母の人生を思うと、遣り切れない思いで一杯になる。責任を追及される教師側と、亡くなった子供たちの遺族の方との間に、気持ちの上での和解の接点はないのだろうか。母が出来なかったこと、それは子供たちを無事に連れ帰ることが出来なかったお詫びを遺族にすること。ワンクッション置いている娘の立場だからこそ、母の代わりに謝罪出来るのではないか、母の立場を理解してもらい、許しを請うことが出来るのではないか、いつか実現させたいと思っていた。

「お母様がいらっしゃったら、抱き締めてさしあげたい」

数日後、成清ディレクターから「カメラを持ち込み、二日間の予定で栃木に取材に行きます」という連絡が入った。ロケ車と呼ばれるボックスカーでカメラさん、音声さんを伴い成清さんが栃木の我が家に来た。「玄関先からカメラを回しますから、びっくりしないで下さい」と言われた時は、ちょっと緊張した。

母の短歌が書き綴られているノート七〜八冊をカメラに収めながら、インタビューが進んだ。鉛筆書きで、何度も消しながら書かれたそれらのノートからは、カメラが回っているにも拘わらず、改めて母の思いが自然に伝わって来たことが感じられ、不思議な気がした。

その後、千葉県在住の方で、「対馬丸」でお姉さんを亡くされた遺族の方が訪問と取材に応じて下さることになり、私はＮＨＫ沖縄のスタッフと千葉に向かった。

現実に「対馬丸」の遺族に会うのは初めてだった。責任を果たせなかった教師の娘を受け入れて下さるのだろうか。自分の不用意な言葉で相手の方を傷つけはしないだろうか。そんな不安を抱えながら玄関のベルを鳴らした。七十代半ばの男性がにこやかに出迎えて下さった時、硬直していた身体に温かい何かが流れたのを感じた。

母親代わりの姉を突然失った悲しみを涙ながらに話された時、何と答えていいか、一語一語を心の中で温めながら控えめにしか話せなかった。やはり男性の気持ちを考えると「申し訳ありませんでした」の言葉を母の代弁者として話す以外にはなかった。

「もし、ここにお母様がいらしたら何も言わずに抱き締めてさしあげたい」

と男性は話した。その言葉を聞いた瞬間、私の涙腺は一気に緩んでしまった。

後日、前述の取材を編集した番組が、沖縄・九州で放送された。好評だったようだ。

一か月ほど経って、成清ディレクターから電話があり、東京のＮＨＫから全国放送にしたいとの要請があったということで、栃木で再取材したいという。

二回目のロケは三日間で、母が暮らしていた家の周辺が中心で、リビングで弟たちを交えて母の思い出を語る様子を収録したのだが、私の知らないエピソードなども弟から引き出された。

ＮＨＫ総合テレビで放送された反響は大きく、「今までよく知らなかった。対馬丸のことが報道されるたび関心を持って見るようになった」と言ってくれる方が多くなった。

この年の秋、沖縄を訪問し、対馬丸記念館のご協力を得て、対馬丸事件に関係した方たちと会うことが出来た。学童疎開の引率教師の一人で、沖縄に戻り辛い思いをされたにもかかわらず、平和活動をされた糸数裕子さんにもお会いしたが、お互いにぎこちなく、やはり心を開いた話は出来なかった。もう一度お会いしたいと願っていたが叶わなかった。

また、生き延びた当時の子供さんからは、その後は辛い人生だったと聞き、教師の娘という立場では何も言えず、「大変でしたね」としか口に出せなかった。

自責の念を抱き続けた母だったが、今回のテレビ放送でその苦しかった心が少しでも癒され、安らかに眠って欲しいと願うばかりだった。

祥子の「数学のノート」

たった一つの遺品

きっかけは「ひめゆり平和祈念資料館」学芸員の前泊《まえどまり》克己《かつみ》さんからの電話だった。資料館がリニューアルし、母の妹・宮城祥子《よしこ》のノートを展示したという。それをＮＨＫ沖縄放送が取材しているとのことだった。まもなく担当ディレクターからも電話があった。

以前、祥子叔母のたった一つの遺品が、沖縄県糸満《いとまん》市のひめゆり平和祈念資料館に保管されているというので、母の依頼で確認に行ったことがある。そのノートは母が保管していたのを対馬丸記念館に寄贈したが、祥子の年齢を考えるとひめゆり平和祈念資料館の方が適当ではないかということで移されていたのだった。理路整然と書かれている数学のノートには、戦時中でも懸命に勉強した叔母の性格が表れていた。

今まで祥子叔母については、語られることがなかった。母とともに対馬丸に乗り亡くなったが、母も妹のことを口に出すことがほとんどなかった。遺品はこのノートしか無いことに不思議さを感じていたが、対馬丸事件から二か月足らずで起きた十・十空襲ですべて焼けてしまったという。那覇市泊《とまり》にあった実家もなくなった。改めてこの沖縄大空襲のすさまじさを感じさせられた。

この「祥子の数学のノート」をNHK沖縄が取材していると聞いた瞬間、私の心はパッと明るくなり嬉しくなった。祥子叔母にスポットライトを当ててくれるのだ。今まで祥子叔母の存在が薄いことが気になっていた。

だが、NHK沖縄放送局のディレクターから、祥子さんについて教えて欲しいと電話があった時、はたと困った。幼い頃の祥子を知っている叔父からは「勉強が出来て可愛い子だった」としか聞いていない。以前、母について同局の取材を受けたが、その時は、祥子叔母のことは話題に上らなかった。

私は、栃木で祥子の母親である祖母ツルと同居していた時期もあったが、対馬丸のことを含め、昔の話は一切口にすることはなかった。祥子叔母のたった一枚しかない写真、対馬丸記念館にも展示されているこの制服のまま写っている娘の写真が、祖母の生き甲斐だったかも知れない。

何故か、祖母の娘を想っての歌は一首しかない。思い出すことも、歌に詠むことも辛すぎるということなのだろうか。

母さんと呼びかけ口もとをほころばせ今に物言う写真のわが子　（翁長ツル）

当時一高女（沖縄県立第一高等女学校）四年生で十五歳だった祥子は、「私が沖縄を守る」と、頑として疎開しないと言い張っていたそうだが、身体の弱いことを理由に、家族に説得され、姉と対馬丸に乗船することになった。母は、疎開児童の引率訓導という立場だったため、常に、子供たちのことを心配していたが、妹も傍において気を配っていたようだ。

祥子の「数学のノート」

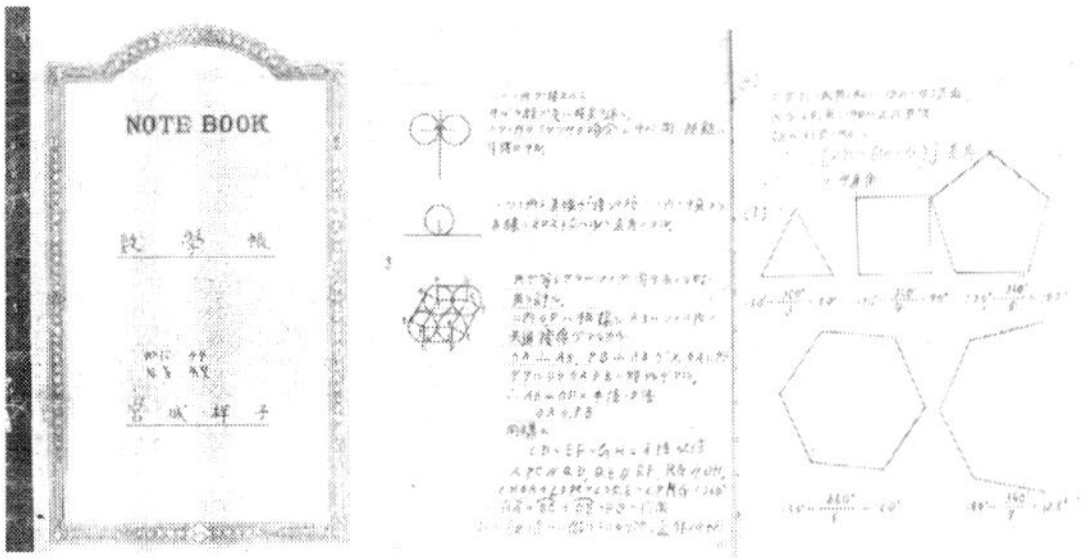

母の妹・祥子が使っていた数学のノート

　母とは九歳の年の差があったため、一緒に過ごした時期は少なかったという。祥子が幼い頃ままごと遊びしている姿が可愛かった、ということぐらいしか私も聞いていないので、「叔母」としての実感が薄い。

　唯一の遺品である数学のノートを見ていると、祥子叔母の人間像が浮かんで来る。きちんとした文字、整然としたグラフ、私のところにはコピーしたものがあるが、情熱を傾けて一生懸命勉強していた様子が浮かんで来る。母はそんな妹を亡くしてしまったことを人前で悲しんだり、嘆いたりすることは出来なかった。けれども母は、愛しい妹への本心を短歌にぶつけていたのだ。

歌の中に妹を生かすことで表に出せない辛さを紛らわせていたに違いない。永遠に忘れないと妹に誓っている母の姿は、自分が生きていく上の支えになっているようにも感じる。

祥子叔母の話は、「きんくる・沖縄金曜クルーズ――ひめゆり・ほほえみの記憶」として沖縄で放送された。後日ＮＨＫ総合テレビでも全国放送された。

妹よ堅く握れる手が離れ学業半ばの汝も沈みき
一高女四年の妹汝《な》が才を惜しめど惜しめど還ることなし
帰り来ぬ青い潮《うしお》に花と散り永遠の別れとなりて悲しき
妹は制服のままに初々し色白のかんばせ永遠に忘れず

（新崎美津子）

祥ちゃんはどうしたの

福岡に住んでいる従妹の孝子が、祥子叔母について、勝子叔母から何か聞いて知っているかも知れないと思い、問い合わせてみた。両親の話のほとんどは、彼女の母親の勝子叔母から聞いたものだったからだ。すると、夫の工藤正彦氏が勝子叔母にインタビューしたものがあるという。

孝子の夫正彦氏は読売新聞西部本社にて社会、経済、文化部など各部署の記者を経て、文化部長、編集委員などを務めた。退職後は全国石油商業組合（九州担当）の広報を担当。現在は、地元で男女共同参画の運営委員、市民大学の実行委員長などの地域活動を続けている。

記者生活が長かったことから、取材ノート、取材テープなど膨大な資料が残っているのだそうだ。母の妹祥子のことを知りたいと話したところ、その録音テープを探し出してくれた。時間の掛かる大仕事だったのではと思うと申し訳なく、頭が下がる思いだった。

左より、ヨネ子叔母の娘まり子、ヨネ子叔母、母、私、勝子叔母、従妹孝子

そして、そのテープを聞いた孝子は「驚きの内容だった」と話したのだ。それを聞いた途端、私の中に緊張感が走った。どんな内容だろう、胸が騒いだ。「テープを掛けてみるね」と言って、電話口で再生してくれた。

それは、母が四日間の漂流から助け出されて、鹿児島の旅館に収容されていた時に母から聞き出した話だった。六〜七分くらいの録音時間だったと思うが、リアルな内容に私は動揺した。

「びっくりよね！」

と孝子。

「ほんと！　びっくり」

私は少しの間、何も言えなかった。

「でもほんとのことだと思うよ」

「うん、私もそう思う」

言葉少なに、私も同調した。

そのテープの内容を、もう一度聞かせて欲しいと頼んだ。インタビュアーである孝子の夫・正彦の、仕事柄慣れしているとはいえ、手際の良さに感心した。叔母の人柄を尊重し、質問の初めから丁寧に、そして聞き上手に徹している姿はさすがプロだなと感じさせられた。叔母の話す内容に深く相槌を打ち、さりげなく同調しながら、次の話を引き出している。本当は話しにくい内容かも知れないのに、正彦の誘導に叔母は話してしまう。

叔母は滑らかに話してはいるが、姪の私を気遣って話してくれたあの時と、テープから流れて来る緊張感ある話し振りとは全く違っていた。そんなテープの中から聞こえてくる叔母の口調に戸惑った。これから大事な話を始めようと構えているようでもあった。

以前、叔母は私に「あんたには対馬丸の話、全部したね」と言ってくれたことがあった。けれど、人間忘れていること、思い出せないことの方が多くて当たり前なのだから、初めて聞くことがあっても何の不思議はない。

けれど、私に聞かせたくない何かの話、それは母の不名誉に繋がるものかも知れないと直感した。母を労わって話してくれている叔母の気持ちは充分感じていたし、理解もしていた。だからこそ、美津子の娘である私に言えないことがあったのだと思う。

勝子叔母が、救出されてまもない母を訪問した時の様子を、叔母自身がこの頃のことを書き留めて置いた回想録があるので、参考にしながら書いてみる。

対馬丸が遭難したらしいと、昭和十九年九月二日、勝子は義父から届いた手紙で知った。ただただ驚いたと書いている。勝子は親しくしていた友人の美代と、救助された対馬丸遭難者が収容されている鹿児島の旅館を訪ねた。疎開先の熊本から鹿児島港まで市街地はほとんど焼け野原になっていたという。線路沿いに歩いて鹿児島県庁に行き、美津子が収容されている旅館を見つけた。

大広間の奥に美津子姉が寝ているのが見えた。浴衣を着て両手を頭の両側に上げ、手はむくんで腫《は》れていた。顔は日焼けをして皮がむけたためだろう、白と黒のまだらになっていた。「姉さん、姉さん」と声を掛けたが返事がなかった。この時は面会謝絶になっていたので、遠くから声を掛けただけだったが、ともかく「生きていて良かった」と思った。この日は、最終列車で佐敷まで帰り、夜道を歩いて帰宅したのだと叔母は書き残している。

しばらく経って、母は温泉治療の出来る宮崎へ移ったらしい。両親も疎開してきたので、母親と温泉巡りをして治療したそうだ。父親は青年学校に勤務した。

それから一か月程経って勝子は、妹のヨネ子と新崎の母と宮城の両親と落ち合って宮崎に美津子を訪ねた。この時は、伝い歩きをしていたが、何も話そうとはしなかった。「気分はどう」と聞いても「うん、はい」と頷く程度で会話はなかったという。

「祥《よし》ちゃんはどうしたの」

何も話そうとしない母を勝子叔母は懸命に説得した。

「一回だけ話して。祥ちゃんのことも探し出してきちんとしないといけないからね。あとは話さなくていいから」

となだめすかして、やっと、船が沈むその瞬間の様子を聞くことが出来たという。テープの中で、叔母の質問に答えている当時の母の様子が、見えるようだ。魚雷の攻撃を受けたその瞬間も、沈着な判断をする母らしく、僅かながら気持ちの余裕があったように見える。


勝子叔母が、母・美津子から聞いた内容をもとに、母と祥子の行動を再現する。

対馬丸に乗って二日目の八月二十二日夜、母は妹の手を引いて甲板で心配そうに海面を見ていた。この海は何隻もの船が敵潜水艦に遣られている海域だ。その潜水艦が現れるかも知れないと思いながら、妹の手を引き甲板に立っていた。

甲板には、足の踏み場もないほど多くの一般乗客が家族単位で固まり休んでいた。船倉の学童たちも暑さとムンムンとした熱気に耐えきれず、大勢が甲板に居た。昼間の訓練通り救命胴衣は身につけていたが、中には暑さに耐えきれず、裸の子もいたという。

救命胴衣は二枚一組で、母のものは一枚しかなかった。この救命胴衣は二十四時間しか持たないそうで、材質は綿とかススキの穂だったという。

叔母の話の向こうに意外と落ち着いて対馬丸に乗っていた母が感じられた。いつも冷静に振る舞う母らしいと思った。

魚雷が命中したその時、祥子が叫んだ。

「姉さん、足を怪我した！　どうしよう！」

上写真／祥子（15 歳）
下写真／訓導だった頃の母

「今ちょっと黙って」

船体が徐々に傾いて行き、たちまち足元は海水で濡れた。子供たちが船倉で寝ているのにと一瞬、頭の中を子供たちの様子が駆け巡った。しかし、体は動かない。次の瞬間、母は、祥子に一言二言話し指示をしている。傍にあった板切れの束を指して、言った。

「あんたはこれを持って飛び込みなさい」

しかし、祥子はしっかり掴んでいた手を離さなかった。「私は子供たちを見なければならない」からと、妹の手を強引に離し、深い夜の海に突き放し落としたというのだ。

祥子とは、それが最後になった。妹が怪我をしたと言ったあの時、妹にもっと優しい言葉を掛けてやれば良かったと、母は非常に後悔することになる。

その後、母は数人の児童を抱えて海に飛び込んだのだ。一分足らずの出来事だと思われる。甲板では、

「お母さーん!!」

「せんせーい!!」

「子供たちを船倉から甲板に上げろ!」

「海に飛び込め!」

「飛び込め!」「飛び込め!」と船員や教師たちは怒鳴り、泣き叫ぶ子供たちを次々に海に投げ

入れた。まさに地獄だった。後に母はこの甲板の様子を阿鼻叫喚と表現している。

対馬丸の船体は真っ二つに割れ、船首を上に向け垂直に沈んで行った。魚雷が命中してから約十一分で対馬丸は海中に沈み、完全にその姿は見えなくなった。

この対馬丸が沈む直前の話は初めて知った。固く握っていた妹の手を振りほどいて海中に落としたこと、子供たちを抱え込み自分も飛び込んだこと、叔母の話を録音したテープがなかったら真実は分からなかった。この部分は母が心の中に一生葬っておきたかった事実だったかも知れない。

母は講演会でも、黒々と渦巻いている海に、あの高さからはとても恐ろしくて飛び込めるものではない、横波にさらわれて妹と繋いでいる手が離れ、それきりになったと話している。もっと強く握っていれば良かったとさえ言っていたのだから。

妹を死に追いやったのは自分ではなかったか。あの時、妹の方を助けるべきではなかったか。いや、自分は引率訓導で子供を守ることが先だ。これで良かったのだ。この後悔と葛藤を、母は人知れず生涯、何度繰り返しただろう。

人間は死ぬわけにはいかない、誰にも見られない地平線の下で生きたい、と言っていた母の気持ちは分かるような気がする。死んでしまいたいほどの辛い記憶は、自分の中で抹殺しなければ生きていけない。極限状態の中にいた母の行動を知って、母という人間を素直に理解することが出来た。

母の講演を聴いていて、講演の度、漂流の話が揺らぐことを感じていた。六〇年以上前の記憶だから仕方ないのかなと思っていたが、このテープを聞いてすべてが納得した思いである。テープを残してくれた従妹夫婦に大感謝である。そして、改めて亡くなった叔母に「よく話してくれました」とお礼を言いたい。

ふらふら歩いている先生を見た

令和二年八月は忘れられない出来事が重なった。一つ目は、朝日新聞の取材の申し込みがあったことだ。新型コロナウイルスの流行していた時期に重なり、短時間の取材ならと受けた。その代わりに、対馬丸について書いたものを読んで頂く事にして、来てくれた女性新聞記者の高木智子さんに投稿していた文芸誌『埼東文学』など様々な資料を預けた。

後日、高木記者は、「とても感動した」と言ってくれ、「対馬丸事件について、どんな風に伝えたいか」と聞いてくれたので、私はすかさず、「全国の人たちに知ってもらいたい」と答えた。

そして、八月二十二、二十三日にかけて、本当に全国向けに掲載してくれたのには驚いた。関東以南の東京、名古屋、大阪、福岡の各本社を通して、しかも圧倒されるほどのスペースを割いての記事だった。こんなに大きく報道されたのは初めてで感激した。各本社の新聞を取り寄せてくれたのだろう、数日かけて別個に届けられた。高木記者の心の温かさを感じた。感謝しながらそれらの新聞記事を大事にファイルした。こんな事は二度とないと思う。

もう一つは、高木記者が送ってくれた新聞記事だった。それを読んで非常に驚いた。沖縄と広島をオンラインで結んで行われた対馬丸合同慰霊祭の記事だった。対馬丸沈没後に救助された母は鹿児島県山川港の旅館に収容されていたが、この時期の母を見たという教え子の話が掲載されていた。母は一か月程、この旅館で療養していたので、九月半ばの話だと思われる。

その教え子は、当時九歳の梅本（旧姓久高）テル子さん。詳しい話を伺いに行きたかったのだが、広島は遠く、新型コロナの流行真っ盛りでもあったため、断念するしかなかった。電話だけの取材だけでは申し訳なかったが、電話口で元気に話してくれた。

梅本さんは対馬丸に乗る予定だったが父親の召集が早まり、家族で一足先に鹿児島に疎開していた。暫くして対馬丸が遭難したらしいと、父親が助けられた男の子の話として聞いて来たそうだ。梅本さん一家は難を逃れたとほっとしたに違いない。

当時、山川の海岸沿いは旅館街だったという。海はすぐ目の前で、砂浜で遊んでいたテル子さんは、一人の女性教師が浴衣姿でふらふら歩き、海を見つめているのを見たという。テル子さんは、「なぜ先生がここに?」と訝《いぶか》しく思ったそうだ。

その時の母の雰囲気は異様だったという。テル子さんは幼心にも話しかけてはいけないと感じたそうだ。

「なぜ先生だとすぐ分かったのですか」

と聞いてみた。テル子さんは、天妃国民学校で二年生の時、宮城先生が担任だったと話してくれた。母のことはよく覚えていて、間違いないという。当時の教師には簡単に話しかけられない、近寄りがたい威厳があったそうだ。母もそんな雰囲気を持っていたらしい。

同時期の母の回想がある。鹿児島の旅館で療養中、港にもっと早く行っていれば、妹は助かったかも知れないと、自分の身体が動かなかったことを嘆いていた。母は何度かこの海辺に行っている。ぼうっと沖の方を眺め、妹を乗せた船が着くことを念じていたのかも知れない。しかし、九月半ば頃になると、遭難者を救助した船も到着することはなかったのではないだろうか。

テル子さんが見た母の姿からは、ひたすら妹の行方を案じ、海の方から帰って来るのではないか、そう思いながら果てしない海の彼方を見続けていた母のいじらしさが伝わって来る。母の心の中では、自分が妹を突き落としたのだという言いようのない後悔と、罪悪感、でもそれしかなかったという焦燥感が頭の中で堂々巡りしていたのではないだろうか。

母は一か月程の療養後、疎開児童のいる宮崎の高原《たかはる》国民学校で教壇に立ったが、遭難時の怪我が元でひどい神経痛が起きて立っていられなくなり、退職せざるを得なくなった。その後は、実母と温泉巡りをして、身体を癒したという。

私は母が昔、教師をしていたというのも長らく知らなかった。そのそぶりも見せなかったのだから、教師という言葉も母にとっては、トラウマになっていたのかも知れない。

母は表立って妹祥子の死を嘆くことはなかったが、歌の中では、心から妹の若すぎる死を悲しみ、惜しんでいた。つないでいた手を離さなければよかったと後悔もしている。身内の死より教え子のそれを優先していたのだと思う。

妹よ堅く握れる手が離れ学業半ばの汝も沈みき
一高女四年の妹汝《な》が才を惜しめど惜しめど還ることなし
妹は制服のままに初々し色白のかんばせ永遠に忘れず
帰り来ぬ青い潮《うしお》に花と散り永遠の別れとなりて悲しき
対馬丸に遭難死して六十五年過ぎし妹を語る友ある

あの果てしない海の上で波と闘いながら、母はこう思ったという。「私は絶対に生きる」。その強さを持った母は天寿を全うし九十歳まで生きた。私はそんな母を誇りに思う。

対馬丸事件を起こした疎開事業

沖縄県学童集団疎開準備要領

昭和十六（一九四一）年、日本の真珠湾攻撃に端を発した太平洋戦争。日本軍は短期間に攻勢をかけ、東南アジアでの勝利に日本中が沸いていた

しかし、昭和十七年六月のミッドウェー海戦で、敗北を喫した。これを境に戦況が悪化していく。昭和十九年七月七日、サイパンが全滅した。戦闘には大型爆撃機Ｂ29が使用されていたことから、サイパンから日本本土は航続距離内にあったのだ。

次は、重要な位置にある沖縄が攻撃されると予想された。そのため、「戦力にならない住民、一〇万人を七月中に本土及び台湾に引き揚げさせよ」という緊急指令が参謀本部から出されたのだ。それは新たな兵隊の進駐に伴い、食糧事情を優先するというもので、言わば口減らしであった。

沖縄が戦場になると、子供たちの教育どころではない。この頃の国民学校は、どこも兵隊に占領され、訓練場と化していたのだ。教師たちは、沖縄以外の安全な場所で教育させることが出来るのなら、疎開はいい機会かも知れないと思った。軍国教育が徹底されていた時代である。学童

疎開は次代を担う人材育成のため、特に力を入れてやらなければならない重要事項と認識されていた。

しかし、沖縄近海は敵の潜水艦が頻繁に出没しており、非常に危険だということも、知れ渡っていたのである。それでも強硬に疎開させなければならない事情には教師も父兄も躊躇せざるを得なかったのだ。また、家庭から子供だけを引き離すことも、家族、親戚のつながりを大事にする沖縄の県民性からもかけ離れたものだった。

使用する船や航行の問題など安全性の説明もそれを補うものではなく、かえって不安だけが残り、疎開希望者は少なかった。しかしながら、沖縄が地上戦の舞台になることは必至で、それは容易に想像出来た。

七月十九日に、公文教親五九五号「沖縄県学童集団疎開準備要領」が出されてからは、各学校とも疎開勧奨業務は急いでやらなければならなくなった。

しかし、平和とさえ思えるほど、戦争を身近に感じていなかった沖縄市民は、降って湧いたこの県外疎開の話に驚いた。そのため、疎開児童は思うほど集まらなかった。

この状況に、各学校長は、職員会議の席で教師たちに、家庭を回って児童と父兄を説得するようにという校長命令を出した。だが、職員会議においても教師たちの不安が校長に向けられた。

「もし、船が撃沈された時は誰が責任を取りますか」

教師たちに校長に詰め寄られた校長は、すぐには返答出来なかった。しばらく沈黙が続いた後、校長は、「疎開はお国に対して一番身近なご奉公で、国策である」としか言えなかったのである。また、自分の妻と子供を乗船させることで、万が一の場合は自分も被害者の一人である、それで許してもらうほかはないと考えた校長もいたという。

教師たちは夜夜中《よるよなか》までも各家庭を回って、説得を続けた。

こうして集まった疎開児童とその家族たちは、朝早くから那覇港近くの空き地に集合していた。遠足気分で浮かれている児童たちとは裏腹に、父兄は、見知らぬ土地に一人で疎開させることに不安を隠しきれなかった。それに希望していた船が軍艦でないことも一層、不安に拍車を掛けていた。

不安の中の出航

沖縄の夏は、太陽が頭上近いところに居座っているのではないかと思うほど陽射《ひざ》しが強い。対馬丸が出航した八月二十一日もそんな日だったろう。那覇港の埠頭は、灼熱《しゃくねつ》の太陽の光を遮《さえぎ》るものは何もなかった。沖縄県下二十六の国民学校から約八〇〇人の児童が集まっていた。子供たちはまるで修学旅行か遠足にでも出掛けるように、元気にはしゃいでいた。友だち同士、従兄兄妹みんな幼い頃からの遊び仲間だ。そのみんなで船に乗って出掛けようというのだから楽しくないはずはない。

親元離れて本土へ疎開することに二の足を踏んでいた子供たちだったが、行くとなったら楽しそうに飛び回っていた。子供たちの顔からは、不安や淋しさは吹き飛んでいた。友達と行く未知の旅に胸を膨《ふく》らませていたのだろう。初めて船に乗る子供たちが多かったのでなおさらのことだった。

子供たちとは裏腹に、見送りに来ていた親たちの顔は、不安一色。皆一様に同じ心配をしていた。沖縄県民の情としては親子が離れて暮らすなど考えられない。本当に沖縄は危ないのか、敵が上陸するって本当か。海を渡る方が何倍も危ないのではないか、疎開は止めさせた方がいいのではないかと考えあぐねているのだ。疎開させようと一度は決心したものの、いざとなると、不安や心配が膨《ふく》らんだ。当時、沖縄近海で商業船がアメリカの潜水艦に次々と攻撃されて沈没していることは公然の秘密で、父兄にも知れ渡っていた。

沖縄が玉砕した時に備え、次代の戦力を確保するため、学童疎開はとても大事な国策であること、お国にご奉公する最善のことだと親自身もわかっていた。そのため、本土までの海域を安全に航行出来るように軍艦を切望したのだった。

早々と前日から来ている児童もいれば、当日になって大荷物を運んで来るものもいた。間際になって疎開を止めるもの、また、逆に慌てて申し込むものなどもいて、当日は相当混乱していたらしい。いかに疎開事業の不安材料が解決されないまま早急に行われたか見えるようである。これらの対応に奔走しているのが引率教師だった。頼みの綱は目の前の教師しかいないのだから、親たちは熱心にお願いするしかなかった。

「先生、海は大丈夫でしょうか。潜水艦の心配は？」

「もし、やられた時は？　どうなるのですか」

「疎開は国の事業ですから。それに護衛艦もついて行きますから安心して下さい」

「先生、疎開先の生活はどうなのでしょう。こちらもよろしくお願いします」

親たちの必死の問いに、教師たちは、

「分かりました。着いたらすぐ電報させましょうね」

そう答えるしかなかった
戦場となりつつある沖縄で学校教育は無理だ。疎開して子供たちの学習環境が整うならば、良いことだと前向きに考えるしかない。しかし、危険な海を渡っての疎開、教師とて何事もなく目的地に行けるかどうか、皆目分からない。無事に着いたとしても、見知らぬ土地でどんな生活が待っているのかも分からない。

ただ、軍国教育だけは徹底して身についていたので、日本は必ず勝つと誰もが信じている。勝つまでの間、子供たちを立派に教育し、次代に役立つ人間に育てるという使命を全うするだけだ。それだけを心の拠り所として行動するしかなかった。父兄と同じような不安がないわけではない、しかし、教師が動転してはいけない。自分たちは落ち着いて行動するしかないのだ。

夕方、出航の準備が始まった。小舟が往復して沖に停泊している「対馬丸」に子供たちを運んでいる。「対馬丸」は親たちの期待を裏切り、老朽化した商業船（六七五〇トン）だった。多くの家族が子供たちと別れを惜しんでいた。

未知の土地に一人行かせる心細さ、内地は寒くなるだろう、食べ物は十分あるだろうか。など不安は尽きなかった。たった一人の跡取り息子との別れ、大事な長男を手離す親、身を引き裂かれる家族の思いは言葉に言い尽くせないものがあった。

「先生の言うことをよく聞いて勉強しなさいよ」

「寒くなると思うけど頑張ってよ」

「内地の人たちに負けてはだめだよ」

「あんたは親の代わりだよ、妹の面倒見てよ」

「着いたらすぐ知らせてよ」

喜びはしゃいでいる子供たちと、不安を抱えた家族の気持ちは、あまりにもかけ離れていた。

その中に天妃国民学校の訓導・新崎美津子と九歳下の妹・宮城祥子の姿もあった。美津子は子供たちの名簿を見ながら整列させ、かいがいしくマメに動いていた。その間にもひっきりなしに父兄たちが挨拶に来る。親たちも、不安を和らげるには目の前の教師にすがるしかなかった。女性の訓導は、数が少なく、話しやすい女の先生へ集中したのだ。

昭和十九（一九四四）年八月二十一日午後六時三五分、対馬丸は出航した。

対馬丸は数日前、中国から何千人もの兵隊を運んで来ていた。それで重要な役目を担った艦船だとアメリカ軍に狙われたのだろうか。この頃、すでにアメリカ軍は、日本の商業船の暗号を解読し、制海権を完全に握っていた。沖縄近海にはアメリカの潜水艦が頻繁に出没していて、日本軍の物資の補給を絶つため、日本の商船を数多く沈没させていたのだ。

対馬丸が、それほど危険な七島灘海域に向かっているとは誰も想像さえしなかった。六七五四トンの巨体は、長崎を目指してゆっくり岸壁を離れた。初めての船旅、それも大きな船に乗れると大喜びしていた子供たちだが、やがて住み慣れた沖縄の島影がだんだん遠くなっていくと、子供たちは急に寂しくなったのだろう。船内のあちこちから泣き声が聞こえ始めた。

「おかあさん！」

「帰りたいよ―」

九歳くらいから十二歳の幼い子供たちで、初めて親から離れた船旅なのだから無理もない。

「振り向いてはいけない、後ろを見ないで！」

教師たちはなだめるのに必死だった。

子供たちの寝るところは、窓もない暗い船倉だった。元々は荷物を積み込む場所で、そこに蚕棚みたいな寝床を作り、子供たちを押し込んでいたのだ。窓がないため、大勢の人の熱気と汗の臭いで蒸し風呂のような環境だったが、子供たちはまくら投げなどしてはしゃぎ遊んでいた。

十一分で沈んだ対馬丸

出航して二日目の夜、午後十時十二分。前夜の疲れもあり、ほとんどの児童は船倉内で眠りこけていた。早くから対馬丸を見つけ、追尾していたアメリカの潜水艦ボーフィン号が魚雷攻撃したのはこの時だった。少なくとも二発の魚雷が命中した。対馬丸は黒煙を吐きながら激しく炎上した。船首を空中高く上げ、大音響と共に大きな渦の中に船尾から呑まれていった。巨大な船影は十一分後には海上から完全に姿を消した。多くの学童と教師を呑みこんだまま……。

沖縄に残った親や家族は、そんなこととは露ほども知らず、ひたすら無事到着したという電報を待っていた。

出航から五日経ち、六日経ち一週間が経った。順調に航海を終えたのならすでに着いているはずだ。ほかの疎開船からは、「無事着いた」という意味の電報が届いたのに「対馬丸」からは何の知らせもなかった。それぞれの家庭であらかじめ決めておいた「コヅツミ　ツイタ」などの暗号電文で知らせる手はずを整えていた。しかし、対馬丸の子供たちからの電報は届かない。

対馬丸の二日後に出航した疎開船に乗っていた沖縄の叔母や親戚は、約二十数時間で鹿児島に着いていた。親たちの不安は日増しに募っていった。

何かあったのだろうか。なぜ軍艦にしてくれなかったのか……。

あんなに反対したのに、海は危ないと言ったのに……。

先生も一緒に行くから大丈夫、と言ってくれたから行かせたのに……。

国策なので何かがあっても護衛船が守ってくれると校長も言った……。

なぜ疎開させてしまったのだろうか。なぜ無理をしてでも沖縄に残さなかったのだろうか。後悔の念ばかりが大きくなる。

しかし、一か月近く経っても、子供たちや引率した教師から何の知らせもなかった。県庁からも何の発表もなかった。

居ても立ってもいられない父兄は、学校や県庁に何度も押し掛けた。しかし、校長は、何を聞かれても何を言われても、返す言葉もなかった。罵倒されるままに頭を深く下げるしかなかった。責任を感ずるあまり、自殺に追い込まれた国民学校の校長もいたという。

遭難の第一報は翌日入った

実はこの時、県庁は「対馬丸撃沈」の事実を知っていた。撃沈されたという遭難第一報が県庁内の警察部特別援護室（今の県警）に入ったのは、撃沈から一昼夜経った八月二十三日の夜だった。対馬丸は軍の艦船として登録されていたので、沈没は軍事機密として公表は禁じられ、厳重な箝口令が敷かれたのだ。

対馬丸はわずか十一分で沈没したが、ごく少数の学童や教師が、数日間の苛酷な漂流を経て救助されていた。

生還した乗船者は各地の旅館や施設に収容されていたが、大人も子供も必死の思いで生き延びたのに、今度は厳重な箝口令が敷かれていて苦しめられた。

港に上陸した途端に憲兵に睨みつけられ、命令された。

「対馬丸は遭難していない！」

「何も話してはいけない！」

「誰がそんなことを言えと言ったか！」

やっと母親に会えたある男児は、母親の胸に飛び込み泣きじゃくった。母は優しく聞いた。

「対馬丸はどうしたの」

まだ幼い男の子はすべてのことを話したかった。でも、あの憲兵の言葉が恐ろしかった。

「何でもない。僕は知らない」

言葉を飲み込んだ。一人押入れに潜って声を押し殺し一晩中泣き明かしたという。

仲良しの友達と二人で対馬丸に乗ったある男の子は、一人生き残った。それを報告しようと友達の家に行った。頑張ったねと慰めてくれると思っていた。返ってきた言葉は、「なぜ、お前だけ生きて帰って来たか。なぜうちの子を連れて帰って来なかったのか」だった。それ以来、友人宅には寄れず、その言葉が心の傷となって公の場所にも行けなくなったという。

ずっと後になってからのことだが、出航当日のことを母に聞いたことがある。

「宮城のおじいさんとおばあさん（美津子の両親）は対馬丸の見送りに来たの？」

母はポツンとひとこと言った。

「来ていたらしいね」

それ以上話を進めようとしなかった。

美津子の両親は、小学校の教師、高校の英語の教師だったので娘の仕事には理解を示していたのではないかと思う。しかし、多くの学童の親と同じ愛するわが子には違いないし、心配しないはずはない。二人の娘を見送らなければならない両親もまた葛藤の渦の中にいたに違いない。

パイロットだった長男はすでに戦死していた。長男に無事を願う言葉をかけることさえ出来なかった両親。今度は、この学童疎開船「対馬丸」が無事に目的地に着くことを祈ることしか出来ない。目の前の娘に声を掛けることも出来ないもどかしさを感じていただろう。この時、美津子は二十四歳、祥子は十五歳だった。

長嶺義孝警部の手紙

沖縄戦で殉職した警察官を記録した『沖縄県警殉職警察職員名簿』の中に、父の妹・勝子の舅《しゅうと》である長嶺義孝《ながみねぎこう》の名があり、こう記されている。

「警視　長嶺義孝　昭和二十年住民を避難誘導中殉職」

長嶺義孝は、沖縄県警察本部付警部だった。所属していた経済保安課は、ヤミ行為を摘発し、戦時経済体制の配給制度を安定させることを目的としていた。

昭和十八年七月一日、福井県官房長官から沖縄県警察部長として赴任してきた荒井退造《あらいたいぞう》は上司である。警察部は疎開業務を担っていた。荒井退造警察部長は島民の安全を守ろうと、国策である疎開を必死に進めていた。長嶺義孝警部も真面目一徹な人だった。それは家族に宛てた手紙の内容から分かる。

義孝は、多くの島民に疎開してもらうためには、まず自ら率先して家族を行かせることだと考え、自分の父以外、家族全員を疎開させることにした。八月五日の疎開は、県の職員、警察関係者の家族が主だった。勝子は兄妹たちと共に第一回の船に乗って疎開した。

九月二日、勝子は勤め先の銀行から帰ると、勝子宛てに一通の手紙が届いていた。勝子は急いで封を開けた。そして、ただただ、驚いたという。手紙にはこう書かれていた。

勝子、驚いてはならぬぞ。新崎のミツ子姉は八月二十一日出帆の輸送船で學童疎開と一緒に出発したが、今日迄音信がないので皆心配してゐる。妹の祥子も一緒である為、宮城の母上の身上を新崎の父は非常に案じてゐるようですが、若し之が皆が心配してゐるような様なことにでもなればほんとうに宮城様ばかりでなく、お前の母でも旅の空で親子二人だけでどんなに心配するであらうかを考へると、私も泣けて泣けて仕方がないのだ。運が良ければ救助もされているかも知れぬが、今迄に何の音信もない処と思い合すと悲観的事実が強いのではないかと考えている。父（新崎）も昨日迄三日間出勤もしない様だったので今日からは奨めて出勤もさせたが毎日萎《しお》れてゐる姿を見ると気の毒でならぬ。でも私が充分引き受けるから父の心配はせぬでもよい。お前は母に適当な方法で連絡しなさい。円滑にして欲しい。詳細に具体的に書けぬが之だけ書けば大体判ると思うから之だけで止めませう。（原文のまま）

この手紙を書いたのは長嶺義孝である。

八月二十三日の夜、対馬丸がアメリカ軍の潜水艦ボーフィン号に撃沈され遭難したとの第一報が、県庁内の警察部特別援護室に入って来た。撃沈から一昼夜経った夜のことだった。その暗号伝文の内容は日時、場所、状況を簡単に伝えた後、「遭難者は極力捜査中」というものだった。

室員全員、非常呼集となった。「対馬丸」は艦籍に登録されていたので、沈没は軍事機密として外部への公表を禁じていた。そのため、担当者は相当辛い思いをしたという。極秘事情とはいえ、遭難者の家族には知らせてやりたい、救助された人たちの家族には一刻も早く知らせてやりたい。しかし政府は箝口令を敷いた。国民の士気の低下に繋がることを恐れたのだ。

義孝も同じように一人で思い悩んだのではないだろうか。このことを身内にどう知らせたものか。警察官として自分の立場がある。プライドもある。

毎日が目の回るような忙しさだというところへ、この急報が飛び込んできた。援護室は混乱した。義孝は家族を疎開させた後、父と二人だけの生活になり、寂しいと頻繁に手紙を書いている。さらに激務が続いたに違いない。それでも数日後には勝子宛てに書簡を出している。それを検閲される立場にないとはいえ、真面目で実直な性格の義孝は、良心に従い遭難した対馬丸の情報をギリギリのところまで書いている。

鹿児島の旅館に収容された対馬丸遭難者

義孝が、家族や親族を思い遣って書いた手紙や葉書は、二十五通に上るという。警察官の家族として誇りを持って過ごすようにと書かれた内容に心打たれる思いがする。

九月二十五日付けの、義孝から叔母に宛てた手紙を引用する。

新崎の美津子姉も救助され、私までが救われた様な気がする。丁度あの手紙を出した翌々日新崎の父が天妃校の某先生からの便りに宮城先生は救助されているとの話を聞いて早速校長を訪ねて其の手紙を見た処、その通り間違いのない事が判然としたと父は私の処に飛んできて知らせて貰ったのです。私からお前らにも早く知らさねばならぬと話したら今度は自分が知らすからとの事で私は見合わす事にしたのです。ほんとうにこの上もない喜びです。当時の模様を大宜見君が飛行機で帰ってきたので詳細を聞く事が出来たが考えるだに身震いがする。

美津子の姿が見える様で実の両親ならどんな思いをするだろうかと瞼に熱いものを感ずるのだ。「よしこ」が未だに何の知らせもない事は返す返すも残念。でも大宜見君の直話に接し、又美津子の手紙に依り宮城のご両親は亡き長男の遺志を継ぐことになるから軍艦のあり次第宮崎県へ疎開すべく準備万端整うて待機の姿勢でいるから、来宮の上は皆でお慰めして呉れ。お前らが慰めなければ誰もいないからなあ。よくその点心得て欲しい。美津子にも会えたら宜敷《よろしく》伝言を乞う。

救助された対馬丸遭難者が鹿児島の旅館に収容されていると近くの警察署から連絡を受けた。

美津子は兄の嫁で幼馴染でもあり、勝子とは姉妹のように仲が良かった。

勝子は、すぐに美津子を探しに鹿児島へ行く準備をしたが、なかなか汽車の切符が手に入らなかった。疎開先の住職が手配してくれたという。それでやっと鹿児島へ行くことが出来た。

鹿児島の市街地はほとんど焼け野原になっていた。線路伝いに歩いて県庁に行き、遭難者が収容されている旅館の名簿に美津子の名前を見つけた。早速、この旅館に行ったが、面会謝絶だった。

二階建ての旅館は遭難者を探す人でごった返していた。廊下から見える大広間の奥に美津子が寝ているのが見えた。浴衣を着て両手を頭の両側に上げ、手はむくんで腫れていた。顔は日焼けして皮がむけ、白と黒のまだらになっていた。「姉さん、姉さん」と声をかけたが返事がなかった。それでも、「生きていて良かった」と勝子は思った。

旅館内は子供の名を呼ぶ家族や親戚の声で騒然としていた。

「〇〇ちゃん、まーかい、いるが！（何処にいるの！）」

という悲痛な叫び声は、今でも勝子の耳に残っているという。

鹿児島には治療するところがないので、美津子を温泉治療の出来る宮崎に移す、とも聞いた。

勝子は、義父からの手紙で美津子の両親が疎開することを知った。そして、九月二十八日には疎開したとの手紙が届いた。

十月初旬、勝子は、美津子が収容されている宮崎の高原小学校に宮城の両親と見舞いに行った。

教室を改良した部屋にはベッドがあり、「美津子姉さん、気分はどう？」と聞いたが、うなずく程度で会話はなかった。遭難の話もしなかった。美津子の母親ツルはそこに泊り込んで世話することになった。

それから三日間、勝子は近くの旅館に泊り、毎日、朝と夕方、果物を持って見舞いに行った。衛生兵だった勝子の父は月に一度程、宮崎に見舞いに行ったらしい。そして、快方に向かっていると聞いた（勝子の回顧録より）。


母・美津子の遭難直後の様子を話してくれるのは勝子叔母しかいない。この話を聞いた時、叔母は九十歳代半ばだった。声は弱くなっているがしっかりしていた。取材のため電話をすると喜んで話してくれる。身体に負担を掛けて訳ないと思いながらも、つい突っ込んで聞いてしまう。

「戦争が悪いのよ、戦争がなかったらね……」

と、勝子叔母はいつも涙声になってしまい、話が続かなくなる。親兄妹、親戚に頼られ面倒を見てきた叔母だ。戦前、戦中、戦後と想像もつかないような苦労をしてきたことが、今、走馬灯のように頭の中を駆け巡るのだろう。「対馬丸事件」を通して、私が戦争を学び、考え、そして、それに関わっているのを叔母はとても喜んでくれていた。

勝子叔母への取材で分かったことは、彼女が沖縄県警察の中枢にいた義父の信頼を一身に受け、軍の機密に抵触しかねない事項まで教えていたことだ。それらの話を叔母は、誰にも口外してはいけないと言われたという。そうした内容を私に語る時の叔母は、覚悟したように語気を強めていた。

『埼東文学』に、長嶺義孝を取り上げた文章を寄稿した時、勝子叔母は「これで義父は浮かばれる」と言ってくれた。とても嬉しかった。

学童疎開船は昭和二十年三月まで延べ一八七隻出航しているが、撃沈されたのは対馬丸ただ一隻である。対馬丸撃沈後も疎開事業が続行されたことで、二〇万人とも言われる沖縄の人々が救われたことも事実である。沖縄にいた親戚はほとんど疎開して無事だった。それは長嶺義孝の強い奨《すす》めによるものだったと、沖縄在住のヨネ子叔母は感謝していた。

一方、沖縄に残ってしまった人たちは、十・十空襲に遭い、家や家族・友人を失った。翌昭和二十年、四月から三か月もの間続いた沖縄戦で、残らざるを得なかった救護活動の学生たち、無理に兵隊にさせられた住民たちは「鉄の暴風」にさらされた。無謀な思い込みをさせられ、住民同士、家族同士の殺し合いで命を落としたものも多い。沖縄戦での凄惨な出来事は筆舌に尽くし難いものがある。本当に多くの命が失われてしまった。

父・興一郎の終戦

生まれ故郷の熊本県・大尼田

熊本県八代《やつしろ》市と水俣《みなまた》市の間に芦北《あしきた》郡芦北町がある。終戦当時は佐敷《さしき》町と言っていた。この芦北町から一〇キロ程山手の方に向かうと、大尼田《おおにた》という集落に着く。軍医として出征していた父が復員後、開業したところだ。ここで私と弟、妹が生まれた。五歳頃まで過ごしたので記憶ははっきりしている。この大尼田の存在を芦北町役場に電話で確認出来た時、当時の様子が走馬灯のように蘇《よみがえ》ってきた。

大尼田……私にとっては、限りなく郷愁に浸《ひた》れる響きのある言葉になっている。

道路から少し坂を上がったところに土壁の粗末な家があった。その土壁も何かの繊維質がはみ出して、所々はがれていたことを覚えている。ここを借りて父は仕事をしていた。無論、ここで父がどんな仕事をしていたかは、幼い私には意識の外だった。地元の人から「弁天様」って呼ばれていたよ、とは母の話だ。「弁天様を見に行こう」とは、医者にかかるのを嫌がる子供を連れて行くのに、格好な文句だったらしい。

台所の土間から見える畳の間の障子はボロボロに破れ、歩き出す前の弟がよく見えるようにと、そのままにしてあった。私は母の背中におぶさり、たまに食べ物を肩越しに貰った。この時食べたトマトが美味しかった。今でも脳裏にその味が蘇る。

家のすぐ後ろは山で、幼い私は怖いと感じていたのか、入った覚えはなかった。

天井の梁《はり》にはよく蛇が巻きついていた。不思議なことに、怖かった思いは残っていない。多分、下に降りてこなかったのだろう。

この頃、母は台所の土間にカメを置いて漬物を作っていた。取り出そうと中に手を入れたところ大きなウシガエルが入っていて、びっくりして飛び上がったよと母が笑う。その後、その漬けたものを食べたかどうかまでは聞き損なった。

また、近所の桶屋で、給料に匹敵するぐらい高い桶を買ってしまったのだという。その話を父にしたところ、もの凄く怒られたよと笑った。「そりゃ、そうでしょう」と私も呆れ、信じられないよと返した。母との思い出話は尽きなく、笑い話でいつも盛り上がり、満ち足りた時間だった。

地元の同年代の子供たちと遊んだことも懐かしく思い出される。弟は、近所のいたずらっ子に、乗っている三輪車をよく取られていた。サンちゃんと言ったその子はどうしているだろうか。

少し離れたところの川で遊んでいて、ヒルに吸い付かれたことがあった。釣りをしていた祖父が、「大変だ！」と言って丁寧に取ってくれた。

確かこの川だった。橋の側から岸辺に降りた時のことだ。一帯に背の高い葦《あし》が生い茂っていた。この時は一人だった。私は葦の茂みから頭を出している「カッパ」を見たのだ。怖くなって一目散に逃げ帰った。「カッパが出た！　カッパが出た」と大騒ぎをして父に報告したのに、父は信用しない。この「カッパ騒動」、私は随分長い間、真実のことだと思っていた。父は、面白可笑しく何かのついでに楽しそうに、この話を持ち出すのだった。

この橋を渡って少しくねっている農道を行くと、お宮かお寺のお堂があった。そこには「乞食」が居るというのである。この頃はそれが何であるか分からず、お化けか幽霊としか思っていなかった。弟と二人、怖いもの見たさで、板塀の隙間から覗き、その人がこっちを振り向いたと言っては、叫び声をあげて逃げ帰って来たのだった。そんなことを何度か繰り返した。幼い頃の遊びの一環でしかなかったが、今思うと何と気の毒なことをしたのだろうと遠い昔のことながら反省する。もしかしたら戦争で家族を失い、行き場のなかった人だったかも知れない。

この頃だろうか、私が腕を骨折した時、その治療に父が自転車で佐敷の病院まで連れて行ってくれた。写真があるので、そうか、と思うだけで覚えてはいない。その病院は井上病院といって、父の開業先を紹介してくれたところだと、父の妹・勝子叔母が話してくれた。

祖父興順の期待

二〇一六年、三年ぶりに大阪の勝子叔母を訪ねた。何より、元気で居てくれるのが嬉しい。一九一九（大正八）年生まれの父興一郎の二つ下で、その年は九十五歳になっていたが、並み外れた記憶力はちっとも衰えていない。沖縄では、甥、姪までは、自分の子供と一緒という感覚なので、私にとっても両親に並ぶ大切な親なのだ。いや、もっと甘えられる存在かも知れない。

父の戦争体験や、終戦はどこで迎えたのか叔母に詳しく聞くのが、今回の目的だ。そして、母の「対馬丸事件」のことをどう思っていたのか、父の本当の気持ちを知りたい。

父に戦争の話を聞こうと思って、「戦争の時、何処に行ったの」と聞いた覚えはあるが、まともな返事は返って来なかった。ただ、一つだけ「シンガポールに行ったよ」と口にし、そこの喫茶店で聞いた「ボレロ」に魅了されたことを話してくれた。

ただボルネオに行ったとも聞いたので、この喫茶店がどちらにあったかは定かではない。あとは何を聞いても、冗談ではぐらかされた。結局、父の戦争体験は何も知らず仕舞いだった。

外地で聞いた「ボレロ」がきっかけで、父はクラシック音楽にのめり込んだ。栃木県の大平町診療自宅応接室にはオーディオ機器を備え付けていた。仕事の合間に好きな曲を掛け、ソファの後ろに頭をもたせ掛け、目をつぶってよく瞑想していた姿を思い出す。その姿からは、深い悩みを抱えているようにも見えたのだ。母とぶつかることも多かった。母は家事より自分を向上させることを優先させる考えの持ち主だったので、父との家庭生活にずれが生じるのだった。父は沖縄に対する気持ちは強かったが、具体的なことは分からなかった。

祖父・興順《こうじゅん》の想いを知ることが、父の根底にあるものを理解することに繋がるのではないか。そう思い、叔母が話してくれたことを整理してみる。

興順が十代の頃の話だ。那覇市泊《とまり》に屋冨祖《やふそ》という病院があって、小間使いを募集していた。興順はそこへ勤めることになった。仕事は玄関の掃除や診察室の掃除などで一年ほどやると、真面目さを買われ、往診にも着いて行くようになったという。

「その頃は人力車でしょう、それに先生が乗り、父は往診かばんを持ってそのあとを走ったそうよ。それで、泊中を走って回ったんだって」

と叔母は笑いながら話した。

興順は呑み込みが早かったのか、そのうち診察室で先生の手伝いもするようになった。ある日、先生から、「授業料は出してやるから医師養成所に一年間行きなさい」と勧められたそうだ。しかし、実家は沖縄紬《つむぎ》、久米島紬の染め物の技術を持った紺屋で、夜も働いていたため、時間がなかった。それに両親も許してくれなかったそうだ。

やがて、召集令状が来て、興順は軍隊に入った。病院勤めの経験を買われ、衛生兵に任命された。衛生兵は入営直後から医学の講義があり、実地訓練として病院勤務が課せられていたそうだ。

小倉連隊に入隊したらしいが、軍服姿の祖父の写真が一枚あるだけで詳しいことは分からない。戦後、復員した興順は県庁に入り、織物、藍染《あいぞ》めの技術者として働いた。

沖縄本島から西に一〇〇キロ。飛行機なら三五分。久米島《くめじま》という島がある。興順は、一家でこの島に移り住み、仕事に就いた。地元の小学校では、藍染めの技術を教えた。大きな家を借りていたので、蚕《かいこ》も飼っていたという。家では薬も揃え、代診もやっていた。島の人たちからはとても喜ばれていたそうだ。

この頃、長男の興一郎は五歳。興順は自分が勤めていた小学校に、興一郎を二年も早く入学させた。医者にしようと思っていたのではないか、と叔母が推測する。

両親の期待を一身に受け、興一郎は勉学に励んだ。出来る子供だったらしい。長男が優遇される時代であり、食糧の乏しい時でもあった。栄養価の高い卵などが手に入ると、興一郎にという具合だった。下の妹、弟は「兄さんのためなら」と我慢したそうである。

この頃の話を父から聞いたことがある。剣道を習っていたのだろう、毎日、竹刀を振って力を付けたと、自慢していた。鉄棒も好きで、大車輪も出来たそうだ。

私は、「へぇ、すごいな」と、感心して聞いていた。

父が育った泊というところは、琉球王府があった首里の城下町だった。教育、学問に携わっていたことに、プライドを持っている人が多いという。

「地域全体で優秀な子供を育てようとする向学心の意識が高いのよ」

と言う叔母の言葉にも、泊で育った誇りがにじみ出ている。

地域の優秀者を、独自に表彰して努力を称えるなどの活動にも助けられて父は、高等科の頃は特待生だったそうだ。

台北医専・結婚、そして対馬丸

受験の時、父は、東京の大学も受けていたらしいが、最初に合格発表が来たのは台北医専だったらしい。それを受け取った父親は喜び、息子の意向を聞くまでもなく手続きをしてしまったのだという。父にしても異論はなかっただろう。

そして昭和十七年の夏、母・美津子は舅になる興順と一緒に台湾に赴き、幼馴染でもあり、お互いに結婚の心づもりをしていた父に会い、その気持ちを確かめたようだ。父が九月に繰り上げ卒業になるので、その前に入籍を済ませるためだったようである。当時は、夫が戦地に行く前に入籍することは普通のことだったらしい。その後、父はシンガポールの野戦病院に軍医として出征した。

美津子は、翌年の春、一人だけの写真結婚式を挙げた。文金高島田《ぶんきんたかしまだ》に角隠《つのかく》しの花嫁衣裳に身を包み、側に夫の写真を置いての式だったが、親戚の人たちも出席したようだ。美津子は結婚後も教職の仕事を続けた。

昭和十九年七月七日、サイパン島の日本軍が玉砕した。参謀本部から、「早急に疎開せよ」との通達があり、その作業は警察部所管とされた。疎開希望者が希薄な雰囲気に、警察、官公庁の家族が先に疎開することになった。

勝子叔母の義父が警部だったため、勝子はじめ、家族や親戚の多くは八月五日に疎開、叔母や親戚は、二か月後に起こる十・十空襲の難を逃れることになる。

そして八月二十一日、美津子は妹祥子とともに、学童疎開船「対馬丸」に乗り込み、悲劇に遇う。

終戦

野戦病院に従事する医師の任務は、負傷した兵士に応急処置を施し、直ちに戦場に復帰させることである。それが不可能な場合は、前線から離れた医療機関に後送する。

シンガポールの野戦病院に従事していた父は、負傷した日本兵だけでなく、現地の住民も同じように診察し治療してやっていたようだ。

終戦をシンガポールの病院設営場所で迎えた時のことだ。日本の敗戦が伝えられた途端、地元住民が暴動を起こして、いくつもある病院テントを、次から次へと襲撃した。この時の医師は、平素用の軍服に白衣を着てサーベルを装着していた。踏み込んできた暴徒にサーベルを奪われ、それで殺害された医者が何人もいたという。

父のテントにも暴徒は押し寄せた。父は暴徒を前に、「落ち着いて話そうじゃないか。ケガをしていたら治療をしてあげよう」と言った。死と隣り合わせのこの状況に、内心、父は生きた心地はしなかったに違いない。

治療が終わると、着ている物とお金のすべてを暴徒に渡したそうだ。言葉もはっきり分からなかったが、身振り手振りを交えて言った。

「これから日本に帰るが、時間が分からないと困る。港まで行く交通費がなくても困る。時計と小銭は返してくれないだろうか」

彼らは、時計と小銭全部を返してくれたという。父がいたテントでは誰も殺されなかった。暴徒は最後に、「ありがとう」と言って立ち去ったそうである。思いがけず礼まで言われたこの話を、後年、勝子に感慨深く話していた。

シンガポールからの引き揚げ船は、行先はまちまちで、鹿児島、呉、佐世保、博多など何隻もあった。

興一郎は、日本に行くのならどれでもいいと思って乗船した。着いたところは博多だった。

三年ぶりの帰還だ。日本は寒かった、というから十一月も下旬だったのだろう。早速、博多の沖縄県事務所に行き、疎開者名簿の中から、妻美津子や家族の名を探したが、見つからなかった。熊本か、鹿児島の事務所で探した方がいいのではないかと言われたらしい。終戦直後、戦地から帰って来た民間人、軍人の引揚者は六〇〇万人以上だったというから、駅はごった返していただろう。

やっとの思いで切符を買い、熊本に向かった。苦労して県事務所を訪ねたが、ここでも分からなかった。鹿児島に移動し、県事務所を探すため随分歩き回った。

この時、興一郎は妻美津子が対馬丸に乗り、遭難したことをまだ知らない。

美津子の名前は見つからなかったが、両親が熊本県葦北郡大野村に疎開していることが分かった。時間の感覚はなくなっていたのだろう。一刻も早く両親に会って、生きていることを知らせたい、その一心で鹿児島から汽車に飛び乗った。「この時間だと佐敷に着いてもバスはないよ」と言われていたが、気にしなかった。

列車内はとても混んでいて、座る席などなかった。

子供二人が寒さで震えて座っていた。その側に少しの隙間があった。父は、「抱いてあげるから座らせてくれないか」と頼んで、子供一人を抱き上げた。その二人は、服装も薄着でみすぼらしく、東北の方まで行くのだという。

「遠くまで行くんだね。大変だなぁ。大丈夫か」

と言って、軍服のポケットに詰め込んできた小銭のほとんどを二人の手に握らせた。「止まった駅で何か買って食べなさい。落とさないように気を付けるんだよ」と言って別れた。

父の復員

勝子叔母の話に戻る。

突然、「和ちゃん、あんただから言うのよ」と、改まった声で言った。私も一瞬緊張して身を乗り出した。叔母は続けた。

「この話は嘘でも作り話でもないのよ。お芝居の中の話でもないのよ。こんな話、赤の他人に言って、誰が信じると思う？」

病床の祖母マカトが語ってくれた話だという。叔母は祖母が病気になった時、暫く一緒に過ごしていた。祖母マカトも、三十年以上、誰にも話さなかったというのだ。

それは昭和二十年十一月の出来事だった。

祖父興順は沖縄から疎開して来て、熊本県大野にある井上病院に勤めていた。空いている入院室を、家族のために貸してくれたので、妻マカト、娘ヨネ子と三人で暮らしていた。

興順は、年老いた先生の代診をやり、往診もしていたらしい。仕事が終わると、夕食の後はいつも病院の周りを掃除していた。

この日は虫が知らせたのだろうか、夜中の十二時をとうに過ぎていたのに、家に帰るのを躊躇《ちゅうちょ》して薄明るいぼんやりとした門灯の前で、興順は何となく佇《たたず》んでいた。すると遠くの方から、歩く人の足音が聞こえてきた。こんな時間に誰が歩いているのだろうと耳を澄ませた。段々、その音は近づいて来た。ふつうの靴音ではない。

「軍靴の足音だ。どこの兵隊さんが帰って来るのだろう」

と、足音の方を見つめていた。うっすらと人の影が現れた。決して忘れることのない、息子の体型。興順は瞬時に認識した。脳が察知したと同時に、頓狂な叫び声で名前を呼んでいたのだ。

「こ、興ちゃんか！　こうちゃんかぁ！」

かすれ声で調子はずれの大声に相手は、一瞬、立ち止まった。

道路を隔てて、反対側に病棟があった。夫の帰りが遅いと窓から外を見ていたマカトは、ただならぬ雰囲気に外に飛び出した。興順は息子と分かるや否や、走って行って興一郎に飛びついた。二人で抱き合い、なりふり構わず大声で泣いた。そこへマカトも加わり、三人で抱き合い、道路にうずくまり泣いた。

「父ちゃん！　母ちゃん！」

「興ちゃん！」

「こうちゃん！」

涙、涙……それ以上の言葉はなかった。

興一郎は真っ暗な道を二時間、歩いて来たそうだ。軍服を着て、サーベルは持っていなかった。

ここで初めて興一郎は、対馬丸に乗っていた美津子が遭難し、宮崎県の高原《たかはる》というところで実母と療養生活を送っていると、興順から聞かされた。

「美津《みつ》ちゃんを迎えに行かなければ」

興一郎は疲れを癒《いや》した後、興順と共に宮崎に美津子を迎えに行った。

八代から栃木へ

昭和二十七年頃、父は八代で開業した。八代市郡築《ぐんちく》四番町だ、懐かしい響きがある。ここはのどかな農村だったと記憶している。

その時、私は八歳、一つ下の弟とよく遊んだ。近くの川に、田んぼに水を入れるための水車があり、それを動かすのがとても面白く、小さな体でやっと上に上がって、必死にこいで水が田に入っていったのを覚えている。また、水害で川が氾濫《はんらん》し、道路と川の境目が分からなくなっているところを通って小学校に行った思い出が残っているが、両親のことはあまり覚えていない。

下の弟は昭和二十八年九月に生まれた。母はこの弟を負ぶって上京した。医師会に父の仕事先を求めて、はるばる東京まで行ったのだ。まだ赤ちゃんだった子供を連れて行くのは本当に大変だったと母は後に、当時のことを回想している。多分、弟は一歳にもなっていなかったかも知れない。昭和二十九年頃は交通も不便だったのではないだろうか。それ程、母は沖縄には帰らないという堅い信念で必死だったのだ。

東京の医師会に紹介されたのが栃木県の部屋という無医村だった。そのまま私たち一家は、栃木に居ついた。

興一郎は自分を医者にしてくれた両親のために、いつか沖縄に病院を建てると心に決めていた。医師の少ない沖縄のためにも、恩返しをしたいと思っていた。

平成一、二年の頃だろうか、大平町役場から老人ホーム建設の打診があった。父は何度も断ったそうだ。承諾が得られないため、医師になり病院勤めをしていた次男の興二に、役場は直接談判した。

父は沖縄に病院を建てることを模索していたのだった。このことが断る理由だったようだ。父は最後の最後まで諦めていなかった。しかし、興二が承知したことを受け、充分に話し合い、決心するまで数年掛かったが、老人ホームの創設に応諾したのだ。

「老人ホームは、日本の何処に建ててもいいよね」

興一郎は、寂しそうに妹の勝子に言った。

すべては沖縄に病院を建てるという目的のために、強靭な精神力で生きて来た父は、その言葉で自分を納得させようとしたのだろう。しかし父の言葉には、生涯の目的を達成出来なかったという悲哀を感じてしまう。

祖母マカトがお風呂場で転び、それがきっかけで寝込んでしまった時、父は、病気になった祖母を見舞うため、毎週日曜日、栃木から沖縄まで通った。母親に対するせめてもの罪滅ぼしだったのではないか。

父の心労、両親に対する思いがとても深かったことが理解出来る。もう少し母が、父の方に歩み寄ることは出来なかったのだろうかと思ってしまう。

晩年の父は、健康のためにと、黙々と太平山のなだらかな山道を歩いていた。そんな父の背中を見ていると、とてつもなく胸が締め付けられる。母も父の立場、苦しみは充分に分かっていたはず。

母は母で、自らを責め苛《さいな》む人生を送った。それと共に父の苦しみをも背負って生きていたのだ。もし、「対馬丸事件」が起きなかったら、両親ともこんなに辛い人生は送らなくて済んだのではないだろうか。

父を想い詠んだ歌から母の気持ちが伝わってくる。

剣道に鍛えし夫の骨《こつ》太くあなたの生きざま我一人知る
あなた見て！場外にまであふれたる通夜の花輪に涙出でくる
夫婦して戦火を共に抜けて来し七人の孫生まれて賑わう

―　夫恋い鳥　―

天も地も泣き悲しみて大粒の雨は止まざり通夜のこの日を
ひとりゆく黄泉路の夫のさびしさを思いやりつつ心切なし
花の下桜だんごの縁台にそを好みたる夫はいまさず
夫は亡く団子たべれど気のぬけた今年の花見山を下りゆく
「さようなら」交わす言葉もなきまま突如みまかり給いき夫は
若き日の駿馬の如き夫思い出会いの頃の彼を思いつ
先立たれ夫恋い鳥となりているわれに気づけり今日も淋しく
カメラが趣味なりし亡夫を解せぬまま無数の写真遺品となりぬ
ベートーヴェン第九の月のめぐり来て共に聞きたる亡夫偲べり

買い過ぎの長いレシート遺品より出でて文句を言いし我をわびたし

（新崎美津子）

第二の故郷栃木に骨を埋めた父の望郷

「いつかは沖縄に帰れる」との父の思い

昭和二十年八月十五日正午、ラジオのスピーカーから流れてきた玉音放送。

「耐え難きを耐え、忍び難きを忍び……」

父はこの放送をどこかで聞くことが出来ただろうか。

昭和十六年九月、父は、戦時中でもあり台北医専を繰り上げ卒業した。その後、軍医として戦地に赴いた。病院で研修を受けてからか、そんな余裕もなく戦地に行かされたのかは、父は何も話さなかったので、まったく分からない。父が一番内心を打ち明けていた勝子叔母に聞いても、言葉を濁していたように思う。父もそのあたりについては、実の妹にも話さなかったのだろう。

母は対馬丸事件で守るべき多くの教え子を目の前で失い、自分だけが生き残った。この対馬丸事件のために母は生涯苦しんだ。それを理解した父は、母の望み通り栃木で暮らすことにした。

そう決心したものの、父には沖縄に病院を建てるという夢があった。そんな父の苦悩もある程度は分かったつもりでいた。

しかし、最近になって気が付いた。父の気持ちの根底にあったのは、「いつかは沖縄に帰れると思うから栃木に行くことを決心した」ということではなかったか。

何事もやり通す強靭な意志と誠実な性格を持つ父だった。対馬丸で受けた傷も年月が経つと癒され、沖縄に帰れるようになると信じていた。そのことを考えると、その苦悩はもっと奥深いものではなかったかと思うようになった。そのうちに妻も癒されるものと信じて、父は日々の医療に誠心誠意励んだ。時期が来れば沖縄に戻り、両親の希望通りに病院、老人ホームを建てることが出来る。時間が経てば解決すると父はそう思っていたに違いない。

気になって沖縄の高齢者ホームにいる勝子叔母に電話した。元気な声が聞こえほっと安堵する。父が唯一相談出来たこの叔母がいたお蔭で、日々葛藤の中で過ごしていたに違いない父は、どれだけ救われたことだろうか。叔母には感謝の思いでいっぱいだ。

父の戦後は、「耐え難きを耐えた人生だったのではなかったか」と叔母に問い掛けてみた。

「いつかは沖縄に帰れると思って栃木に来たのよね」

「…………」

父の気持ちをよく知っている叔母は一瞬間を置いた。娘である私を気遣ってくれたのだろう。私の問いに、肯定も否定もしなかった。

叔母にとって辛い質問だったかも知れない。本心を語りたくても口には出せない叔母の気持ちも考えずに酷なことを聞いてしまった。父も叔母も同じ立場なのだと改めて気が付いた。

言葉に詰まった叔母は遠慮がちに、「美津ちゃん（母の名前）が悪いよ」と陰で言う人もいると話した。

「でも、これはお母さんが悪いわけではないよ。戦争が悪いのよ」

と、気遣ってくれた。叔母は学生時代から自分を犠牲にしてまでも、父を応援してくれた人だ。叔母もまた「耐え難き」をすべて腹に収め耐えなければならなかったのだ。

「当時はみんながそうだったのよ。私たちだけではないよ」

叔母は決して個々を非難しない。国と戦争が悪いと言う。

「戦争がなければねぇ……」

悲哀を込め残念そうに呟いた。そして、一呼吸置いた。

「あんたの想うことを書いておきなさい。活字にして残して置かなければ後の人たちには分からないよ」

と背中を押してくれた。嬉しかった。

父にとって「耐え難きもの」とは、苦労して医者に育ててくれた両親への恩や、犠牲を払ってくれた弟妹たちを裏切ることではなかっただろうか。さらに医師の少ない沖縄で病院、老人ホームを建てることで恩返しをしたかったのに出来なかったことではなかったか。その決意が非常に堅いものだったということは、今までの叔母の話でよく分かっている。

「対馬丸事件」で負った母の心痛をある程度、父は理解していたと思うが、時にはそのやり場のない辛さを母に向けることもあっただろう。口論もあったかも知れない。父は母の心変わりをひたすら願っていたと思う。

栃木に来てからのこと

「生きるべき人間ではなかった。けれど死ぬわけにはいかない」

「誰にも知られないあの地平線の下で暮らしたい」

こんな思いがあって母が東京に行ったのは、昭和二十九年だった。母は乳飲み子の弟を抱え、一日掛かりで東京の医師会を訪ねたのだ。

紹介して貰ったのが栃木だった。母は淡々と話してくれた。もう少し詳しく聞きたかったが苦労話はしたくないようだった。母乳が足りていたとは言うものの、この当時、子供を連れて熊本から上京するのは並大抵ではなかっただろう。生きるためにはどんな苦労も厭わない母の強い信念が窺われる。そんな母の強い気持ちに父が動かされ栃木行きを決めたのだろう。母の苦しみを父は共有してくれたのだ。

そうは言うものの、両親の間には迷いや葛藤があったに違いない。言い争いもあったかも知れない。母が無医村の部屋村を紹介して貰ってから、一年ぐらいの時間が経っている。それを考えると準備だけでなく、何かがあったのかも知れない。この時間の基準は私の転校の時期だけで考えるしかない。春休みに部屋小学校に転校した。さらに、同じ年の冬休みに大平の瑞穂小学校に再度転校し、三年三学期に編入した。

医師としての父

昭和三十一年、疎開先の熊本から栃木の部屋村を紹介され、ある大きな家で医院を始めた。普通の民家だが医師に貸していて、前にいたお医者さんは出て行ったのだそうだ。

その屋敷には広い庭があった。何連もの引き戸を開けて家に入ると大きな土間になっていた。ここを待合室にして、その奥に診察室と薬の調合室があった。粉薬の調合は母がやっていた。その調合された粉薬を分包するのに、私はよく手伝わされた。

二階は大家さん一家が住んでいた。階下には大きい畳の部屋が二つあった。ぐるりと回り廊下があって、一番奥がトイレだった。

台所は土間になっていて、その一角に五右衛門風呂あった。洗い場からこの鉄で出来た丸い釜《かま》に入る時が難しかった。浮かんでいる簀子《すのこ》のような板に乗って沈めねばならなかった。真下から薪《たきぎ》を燃やしているため釜の底は熱いのだ。弟や妹だけでは沈まないので、いつも二人で入った。

この後、父は、無医村だった大平村役場管轄の国保診療所に請われて勤務することになった。それから四七年間、父は町制になった大平町に根を下ろし地域医療に尽くした。性格をそのまま現し、真面目で誠実そのものだった。夜の往診も断ることはなかった。すぐ出掛けられるようにと枕元にはいつも予防着（白衣）が掛けてあった。

こんなこともあった。ある雪深い真夜中のことだった。玄関を叩く音に目を覚ました父は、三、四人の迎えに来た男性たちに連れられ往診に出掛けた。その晩は父が帰って来るまで心配で布団の中で起きていたことを覚えている。また、心配な患者さんには一晩中付き添って見守ったこともあったそうだ。大きい病院に紹介をするという時代ではなかったようだ。

母の苦しみ「私のせいで帰れないでいる……」

昭和三十四年頃だろうか、父は将来の話でもしようとしたのかも知れない。沖縄に帰るか帰らないかで口論になったのか、母の口から出たのは、

「子供はここでしっかり育てますから生活費を送ってください」

という言葉だった。母は別居すると言う。また離婚という言葉も母から出たそうだ。父は母の強い決意を知って、別居まではしたくないと、すべてを呑み込み我慢したのだ。

母もまた、沖縄に帰ることを思い描いたこともあったのではないかと思う。

「家族が沖縄に帰りたがっているのに、私のせいで帰れないでいる……」

生前に受けた何かのインタビュー記事に母がこう答えていたのを思い出す。沖縄に帰れない理由は母が原因だということを、周《まわ》りのみんなは知っている、けれど誰も口にはしない。母の心の

上写真／昭和 32 ～ 33 年頃。両親と妹と弟
下写真／昭和 34 年春家族写真（大平山にて）

中は申し訳なさでいっぱいだったと思う。それでも踏み出せなかったのは、心の中の大きな何かが足を引っ張っているからだ。

この頃、祖父は沖縄と鹿児島、そして栃木と、娘、息子のところを行ったり来たりしていた。栃木にいる時はサツマイモの皮を餌に近くの川で魚釣りを楽しんでいた。寒くなると沖縄に帰っていたような気がする。

そして暖かくなるといつの間にか祖父がいる。いつものように玄関先に座って、朝のお茶を飲み、サツマイモのお茶請けが祖父の前にあるという普通の光景に戻っていた。

この頃の冬は雪もつもり、兄弟同士、近所の子供たちと雪合戦した思い出はあるが、祖父母と雪遊びをした覚えは全くなかった。

ただ一度、祖父が癇癪《かんしゃく》を起して板塀に穴を開けたことがあった。やはりどうにもならない怒りをぶつけていたのだ。当時、それ以上の際立った騒動は感じなかったので、表向き、祖父はあまり母を責めることはしなかったのかも知れない。

こんな両親を見ていた父は、妻との狭間で苦しい思いをしていたのだと今、しみじみ思う。そして、母が栃木で安心して暮らせたのは父の両親、興順とマカト、勝子叔母の理解ある優しさがあったからだと。

タブーだった対馬丸の話題

ある時、父の大きな声が聞こえた。何気なく階下に降り台所に行ってみた。ショッキングな光景だった。そこには食卓の椅子に座った父がいた。その前で母が土下座しているのだ。それも床に額をこすりつけるようにしていた。

父の顔は仁王像のように怒り、母を見下ろしていた。母は顔を上げようともせず、額を離そうともせず硬直した状態のままの姿勢を取り続けていた。

また母が何か失敗したのかと思ったが、それにしては父の怒り方が理不尽に思え、母の謝り方も尋常ではなかった。母の何らかの失敗が引き金になったのかも知れないが、父は、「いつになったら沖縄に帰るのか」と声を荒げていたのかも知れない。

両親の間に重大な秘密があって、知ったらいけないことなのだろうと、その時は心の底にしまい込んだ。当然母にも話したことはなかった。垣間見《かいまみ》た一瞬の一幕だったが忘れられない出来事だった。衝撃が大き過ぎて弟妹にさえ話すのは憚《はばか》られた。

当時は対馬丸のことも、栃木に来た理由など何も知らなかった。栃木に越して来て十数年経った頃のことだったかも知れない。母はこの話が出るのを恐れ、内心、戦々恐々と過ごしていたのかと思うと、やるせない気持ちになる。

普段の父は母の話にも耳を傾けるし、母は父や家族の身体を心配して栄養面に気を使う平凡な主婦だった。だが、対馬丸の話はタブーにしていたと思う。母も父の性格はよく分かっていたので、その話が出た時はひたすら「それだけは許して下さい」と土下座するしかなかったのではないだろうか。

母は自身を高めるための努力は惜しまなかったので、趣味の書道や華道などの習い事には一生懸命だった。短歌の締め切りにも毎月追われていた。父もそれには反対していなかったので、忙しくしながらも楽しんでいた。

ただ、母は家事が苦手だったのでいつも父の不満を買っていた。自宅の隣が診療所だったので、母は父のために、三度の食事を準備しなければならなかった。その頃はとても患者さんが多かったので、父は診療の合間の短時間に食事をとらなければならなかった。時間通りに食事が出来なかったことで父が不満を募らせ夫婦間が険悪になった。家事と母の趣味がうまく両立出来てなかった。父の怒りも当然だったと思う。

母はいつもお手伝いさんがいる何不自由ない家庭で育ったのだと、最近、叔母に聞いた。それを知ってからは、家事がうまく出来なかったのは当たり前だったと妙に納得した。母は自分が恵まれて育ったということは一切言わなかったので全く分からなかった。私も、家事のことに文句を言い、母を何かと攻撃したことをちょっと反省した。

母の両親は二人とも教師だったので、祖母は身体が弱く、家事を手伝ってくれる人が必要だったそうだ。母は台所仕事もあまりすることなく大人になったのかも知れない。「箱入り娘」から脱出していない母親だった。確かに熊本から栃木に引っ越して来た時も二人のお手伝いさんの「おばちゃん」がいた。四年程経つと居なくなったが、その後は長女の私にそのお鉢が回って来た。ブツブツと二言も三言も多い私に母が「文句を言わずにやりなさい」と叱るのが、その頃の我が家の光景であった。

母の子供たちへの躾、教育は熱心で愛情深く筋が通っていた。厳しい時は厳しく、緩めた時は優しい母だった。

「心はいつも平らに」

母が言ってくれた言葉だ。自分自身の怒りを鎮めるのにとても役立っている。好きな言葉になった。

父の躾

父については厳しかったイメージが強く、子供の頃、親しんだ記憶はあまりない。半面、父の機嫌がいい時には沖縄の民話「キジムナー」（ガジュマルの古木に住むという妖怪）のちょっと怖い話をしてくれたこともあった。冗談好きの父でもあったので周りを驚かせては喜んでいた。

父からはよく「謙虚でいなさい」と戒《いまし》められ、この言葉は今でも頭を過っている。中学生の頃はあまり意味を理解していなかった。積極的になってはいけないものだと自分を抑えて過ごしたように思う。

幼かった頃の家庭内で見る父と、大人になった心境で懐古しながら思い出す父とでは当然ながら大きな隔たりを感じる。子供時代の父は近寄り難く、私たち弟妹は父の顔色を窺いながら過ごした。お正月やお花見の時期には近くの太平山や錦着山に連れて行ってくれた。それは、リラックスした父と触れ合える時間でもあった。車で行ったことで弟たちが喜んでいたよと母は嬉しそうに話した。

母は、「一か月に一度くらいはみんなで外食に行きたい」と父に提案していたが、受け入れてくれなかったそうだ。一にも二にも勉強という堅苦しさから子供たちを解放したいと思っていた母にとっても、車での外出は嬉しいことだった。子供たちが車に興味を示し喜んだのを見て、母自身も安らぎを感じ、満足していたと思う。

この頃はよく木に登って遊んでいたものだった。そんな時、往診から帰って来た父に見つかると、「こらーっ」と叱られた。そして、弟妹四人並んで正座させられ長々と説教された。そんなとき父の口から出て来るのは、中国の学者、孔子、孟子を題材にした訓話だった。その後は「書いて覚えなさい」と言われ、藁半紙《わらばんし》が積み上げられた勉強机に向かうしかなかった。

父は漢詩が好きで、不断の家庭団らんの時でも「子曰《しいわ》く……」と口にし、家族間の話題にもした。随分覚えたと言っていたが、その当時は「耳に胼胝《たこ》」の類だったのでどんな詩だったか一つも覚えていない。

教育にも躾《しつけ》にも厳しかった父は自分にも厳しかった。剣道と器械体操で身体を鍛え、台北医専に入るまで特待生を貫いている。栃木に来てからも素振りをしていた。

他人事のように言えば、父という人間は大きくて、優等生過ぎるということになる。清廉潔白、誠実、忠実、努力人。信条は「和を以て貴しと為す」。「いつも兄弟は仲良くしなさい」と、ことあるごとに言われた言葉だった。

そんな父をどこか子供心に「偉いなあ」と思ったこともあったが、思春期以降は反抗心の方が強かった。それは文武に努力を惜しまなかった父に対するコンプレックスだったかも知れない。父には尊敬もし、誇りも感じていたが、素直にそれを出せず、ただ押し付けられていると感じている間は窮屈以外何ものでもなく、早く束縛から逃れたいと思っていた……。私たちのきょうだいは四人とも、成長するにつれて、順次、一人暮らしを始め、家を出て行った。

老人ホーム創立と久米島旅行

「親の恩を裏切ることになる」
「沖縄に医療施設を創る約束が守れない」

父の悔しさはどれほどのものだろう。想像だけでは計ることは出来ない。どんなこともやり抜く義理堅い父だったから、耐え難きを耐えなければならなかった父の辛さが今になってじわじわと伝わって来る。

父は叔母に言った。

「栃木も日本、沖縄も日本、だから栃木に老人ホームを創ってもいいよね」

後に、父の言い方が寂しそうだったと叔母が話してくれた。そういう叔母も同じように辛かったと思う。

晩年の父は沖縄に帰ることをすっかり諦め、栃木に骨を埋める覚悟をした。

二〇〇三（平成十五）年、足が丈夫なうちにと、父の兄妹四人は幼い頃過ごした久米島への旅に出掛けた。何泊かして元気に帰って来た。とても良い思い出になったと喜んでいた。

久米島は父親の転勤と共に家族で移住したところだった。幼い頃を過ごした美しい島で童心に返って、海風と思いきり戯れたに違いない。

それからは健康維持のため近くの山歩きをしていた。父の背中は丸くなり、後ろ姿の淋しさに望郷の二文字が霞《かす》んでいくように感じた。

久米島旅行から帰って、父はすべてをなし終えたというように、一年後の五月、父は帰らぬ人となった。「特別養護老人ホーム幸寿苑」創立から八年目だった。
苑内には穏やかな表情で笑みを浮かべ、父の胸像が南の方に向いて建っている。ホーム越しに遥か沖縄を見つめ続けている。

夫逝きて二男の継げる診療所、長男は継ぐ施設・幸寿苑
診療所・幸寿苑共に栄えたり亡き夫よ子等を守り給えな
幸寿苑一泊旅行のために買うブラウスのピンクわれに似合えり

（新崎美津子）

祖母・翁長ツルと又吉家の子供たち

鉄槌の一撃なりき夢を裂きて吾子戦死との深夜の電話
夢にあれこの夢醒めよ戦死とは誤報にてあれとひた祈りたり
母さんはもう泣かないよと霊前に誓いぬ軍国の母と呼ばれて
母さんと呼びかけ口もとほころばせ今に物言う写真のわが子

（翁長ツル）

祖母が住んでいた羽地村の思い出

母方の祖母・翁長ツルが亡くなったのは昭和五十四（一九七九）年だから、もう四十年以上年が過ぎた。これらの歌は、祖母が戦死した息子、娘を偲《しの》んで詠んだもので、二〇一一年に亡くなった母の遺品を整理している時に、初めて目にした。

明治二十四（一八九一）年生まれの祖母は、明治、大正、昭和、そして戦後の混乱期を生き抜いて来た。物心ついた頃の日露戦争から太平洋戦争終結時の五十代半ばまで、当時の軍事教育に何の疑問も持たず、戦争が普通という世の中で生きて来た。その間、一人息子は戦死、次女は撃沈された学童疎開船「対馬丸」に乗り帰らぬ人になった。祖母は二人の子供を戦争で失った。このことが原因となり離婚。戦争に翻弄された人生を歩んできたのだった。

いつの頃からだろうか、一人になった祖母は、沖縄本島北部の、山原《やんばる》と呼ばれる地域にある名《な》護《ご》市羽地《はねじ》村で百四歳まで生きた曾祖母と一緒に暮らしていた。多分、私が中学生の頃だったと思うが、曾祖母に会うため沖縄に連れて行ってもらったことがあった。

沖縄返還（一九七二年）前のことで、パスポートが必要な時代だった。当時はパスポート申請にとても大変だったという記憶がある。東京の保健所まで行きワクチンを打たなければならなかった。パスポートは宇都宮の県庁で受け取った。

二度目に沖縄を訪れたのは、沖縄返還の七〜八年前だったと思う。曾祖母は亡くなっていた。パスポート取得は大分簡素化されて、宇都宮の県庁に申請に行くだけで済んだ。

この時の那覇の街の印象が忘れられない。街中を走る車という車がポンコツで傷だらけ。前のドアがないタクシーが公道を走っているのを見た時は非常に驚いた。

那覇空港にはいつも父の弟の興伸《こうしん》叔父が車で迎えに来てくれた。

祖母ツルの実家がある羽地まで、車で二時間は掛かった。羽地は長閑《のどか》な農村地帯で、祖母の家近くに豚小屋があった。そこには大きなヤモリが何匹もいて仰天した。

そのヤモリが家の天井に吸い付いて右往左往し、走り回る。挙句の果てには下に落ちて来るのだから油断できない。親戚が集まっておしゃべりしている最中、私はずっと天井を見つめていた。二匹のヤモリが睨《にら》み合いをしている。やがてどちらかが相手にぶつかっていき、負けた方が下に落ちて来る。それを見極めて避けねばならなかったのだから、話に加わるどころではなく、だから、何の話をしたかまったく覚えていない。

祖母・翁長ツル。1977年6月、85歳の時

ある時、このヤモリが祖母の足に落ちた。祖母は、ハエを払うように何気なくどけただけだった。蚊帳《かや》が無ければ泊まれないと思った。

また、近所の男の子が、ヤモリを何匹も棒に突き刺して、キャアキャア言っている私を追い掛け回すのだ。ぴかぴか光っている奇麗なトカゲもいた。蛇よりはいい。

沖縄の家、特に田舎の家は開放的で、風通しがいいように出来ている。夜はどうしていたのだろうか。雨戸があったかどうか覚えていない。

祖母と戦争

羽地を回顧していると、祖母が詠んだ歌が浮かんできた。戦争中、上陸してきたアメリカ軍と日本軍の戦いから逃れ、北部山原《やんばる》に住民が避難してきた時の情景だと思う。

戦争をさけて逃げくる避難民満ち潮の如く村にあふれき
家という家にあふるる避難民納屋も厩もすべてに溢る

（翁長ツル）

曾祖母ゴゼイが亡くなった後、一人暮らしをしていた祖母ツルは、脚を骨折して名護市の病院に入院した。多分、八十歳は過ぎていたのではないかと思う。

祖母を栃木に連れて来るため母と一緒に迎えに行った。祖母は寝たきりだったが、飛行機の座席は三席分を使い、連れ帰ることが出来た。実業家の父の従弟が手配してくれたようだ。

栃木に来ても歩くことは出来なかったが、車椅子を使い、持ち前の明るさで余生を楽しんでいた。時折、テレビを観て大声で笑っている声が聞こえてくるのだった。それが何とも微笑ましかった。百首以上あった歌は、栃木に来て詠んだと思われる。

国のためとただに耐えたる三十年思いたどれば怒り湧き立つ　（翁長ツル）

この歌を読んだ時、明るくてジョークが通じ、大好きだった祖母が、長い間、辛い思いを抱えていたことを初めて知った。思いもよらぬ祖母の一面を見たようで胸が詰まった。知らなかったことが、ショックだった。

祖母は、晩年になって人生を振り返った時、戦時中の強い母を演じ通して来たあの頃、自分の心は国によって操られていたのだと気付いた。今さらの悔しさ、この怒りをどう処理したらいいのか、祖母は地団駄踏み苦しんでいたのだ。

三人の子のうち二人を戦争で失う

祖母には三人の子供がいた。長男が唯俊《いしゅん》、長女で私の母である美津子、そして次女の祥子《よしこ》。

長男の宮城唯俊は、沖縄で県立第一中学校を卒業後、千葉県下志津《しもしづ》陸軍士官学校に進んだ。水戸陸軍飛行学校航空通信部隊を経て、満州に出征。その後陸軍中尉に昇格。下志津陸軍士官学校に再度入校し、軍最高の偵察技能修練を積んだが、昭和十七年二月、習志野《ならしの》軍事演習場にて夜間飛行演習中の事故で殉職。行年二十六歳。沖縄県那覇の宮城家の墓にある石碑には、このような

母・美津子（左）と祖母・翁長ツル

文が刻まれている。非常に優秀だったそうで、祖父母の自慢の息子だったらしい。

その息子が戦死したとの報を受けたのだから、祖父母の落胆ぶりは如何に相当なものだったか、冒頭の祖母の歌から伝わって来る。

軍国の母だから涙は見せまいとしながらも、湧き出て来るどうしようもない悲しみと深い母性愛。口惜しい気持ちをどこにぶつけていいのか、お国のために命をささげたのだから立派だったなんて誰が言えるだろうか。どんな言葉を持ってしても胸の内を収めることは出来ない。

祖父にとっても息子唯俊の戦死は耐えられないほどの苦しみだったのだろう。家庭を顧みず酒に溺れていった。そして、二年半が過ぎた昭和十九年八月二十二日、「対馬丸事件」が起きた。さらに末娘の祥子を失ったのだ。

長女の美津子は、昭和十八年四月、沖縄本島北部、国頭《くにがみ》村《そん》の尋常小学校から、富裕層の子供たちが多いという那覇の天妃《てんぴ》国民学校に移動していた。これは兄が戦死したことによる優遇措置だったようだ。

昭和十九年に入ってからは、天妃国民学校でも教室や校庭は兵隊が占拠していて、勉強どころではなくなっていた。

ラジオ、新聞から流れてくる情報は、敵の戦闘機を何機落としたとか、空母、戦艦を何隻沈めたとか、戦果を強調したものばかりだった。国民の士気が落ちないように鼓舞するための情報はすべて操作され、真実は隠されていたのだ。そのためなのか、物資は統制されていても、人々は、普通に生活し、平和な雰囲気があったという。

「欲しがりません、勝つまでは」「足らぬ足らぬは工夫が足らぬ」等の国策標語は戦意高揚、生活統制などのため、国民の間に浸透していた。

沖縄から移住した人たちが多く住んでいたサイパンは住民を巻き込み、七月七日陥落した。沖縄近海では多くの船がアメリカの潜水艦に攻撃され、海は危ないという認識だったが、沖縄を要塞化しようとしていた日本政府にとって、足手纏《あしでまと》いになる住民を疎開させることは必要不可欠だったのだ。特に学童疎開は次代の戦力確保のため、重要事項とされた。降って湧いたような疎開事業が一気に進められることになる。

母美津子は、学童疎開で引率訓導として対馬丸に乗ることになっていた。幼い子供たちを親から離して見知らぬ土地へ疎開させることには不安があって、なかなか希望者が集まらない。業を煮やした学校側は、国策だからと教師たちに家庭訪問をして説得するよう言い渡した。教師は、躊躇《ちゅうちょ》しながらも従わざるを得なかった。

娘美津子が学童疎開の引率を引き受けたことに不安を感じながらも理解を示したのは、祖父母とも教師だったからだろう。

対馬丸の出航当日、祖母ツルと夫・唯行《いこう》は港で母を見送ったが、言葉は交さなかった。不安がる親たちの対応に忙しくしている教師としての娘を見守っているだけだったようだ。

対馬丸から「着いた」との連絡がなく、アメリカの潜水艦に攻撃され遭難したらしいと聞いた時、祖父母の嘆きは気も狂わんばかりのものだったに違いない。

危険海域での航行だから敵にやられないようにと、親や家族は必死に祈るしかなかった中で起きた悲惨な事件。どれ程の嘆き悲しみか、残された家族の気持ちを言葉にすることは出来ない。

母は二十四歳、妹祥子は十五歳、祖母ツルが五十二歳の時だった。県立第一高等女学校（一高女）四年だった次女祥子は疎開せず沖縄を守ると言い張ったそうだ。両親は成績も良かった祥子を大事に思ってのことだった。姉美津子と一緒に疎開するように強く説得した。祥子自身、身体が弱かったということでもなければ、七か月後に組織されるひめゆり学徒隊の一員になっていたかも知れない。

その後の疎開船で、祖母ツルと夫・唯行は無事鹿児島に着いたというのだから、娘祥子を対馬丸に乗せたことを後悔していたのではないだろうか。美津子は仕事だったから仕方ないとしても、祥子を無理に乗せてしまったことは諦めきれなかったに違いない。学童を引率していた娘美津子の立場を思うと、祥子のことは口に出せなかったのではないか。教師として、責任を持って預かった子供たちを死なせてしまった美津子の辛さの方が、この何十倍もあると分かっていたのだから。

ツルは、娘美津子の心境を思い遣って、祥子を失った悲しみは自分の胸に封じ込めておこうとしたのではないだろうか。

母も妹祥子の死を表ざまに悲しむことは出来なかった。身内よりもっともっと重く伸《の》し掛かっている多くの教え子の命があったからだ。

数少ない娘を詠んだ歌

百首以上の歌を遺した祖母だったが、娘祥子を詠んだものはたったの一首しかない。再度載せてみる。対馬丸を詠んだものも二首だけだ。長女美津子のことを考えてのことだったろう。

母さんと呼びかけ口もとほころばせ今に物言う写真のわが子
船に乗り大和へ行くとはしゃぎいし八百の児童は海に死にたり
対馬丸の悲報届くや親たちはわが子返せとせまりしあわれ

（翁長ツル）

祖母が三十七歳の時に生まれた祥子は、可愛がられ大事に育てられたに違いない。その愛しい娘を歌に表すことも出来なかった祖母の苦しさは人一倍だったのではないだろうか。

対馬丸事件で生き残り、生涯、重すぎる荷を背負って生きなければならなくなった娘に対して、実の母親であってもどんな慰めも役に立たないことは分かっていた。自分も教師だったから見守ることしか出来ないと分かっていた。だからこそ母に、歌だけはやめるなと言っていたのだ。

母美津子は自分より妹が助かれば良かったのにと、後になって打ち明けた。そして妹の才能を惜しむ歌を五首詠んでいる。妹に対して精いっぱいの詫びる気持ちを表したのだろう。

妹よ堅く握れる手が離れ学業半ばの汝も沈みき
一高女四年の妹汝《な》が才を惜しめど惜しめど還ることなし
帰り来ぬ青い潮《うしお》に花と散り永遠の別れとなりて悲しき
妹は制服のままに初々し色白のかんばせ永遠に忘れず
対馬丸に遭難死して六十五年過ぎし妹を語る友ある

（新崎美津子）

長男、次女を亡くした祖母も、誰にも言えず歌を詠むことでしか嘆き悲しむことは出来なかった。やはり、母を気遣ってのことだろうか。

吾子も亦今眺め居ん大空の月に視線をあわさんと思う
いとし子を国に捧げしその日より涙は消しし我にてあれど
母さんはもう泣かないよと霊前に誓いぬ軍国の母と呼ばれて
連れたちて扶助料もらいに行くことにようやく慣れぬみとせの月日
わが胸に戦いのきずは深くしみ生くる限りを消ゆることなし

（翁長ツル）

戦争と祖父母の離婚

祖父母、両親が育った青春時代の背景にはいつも戦争があった。日露戦争、満州事変、日中戦争から太平洋戦争と続いた。徹底した皇民化教育の中で、若者は軍人に憧れ、国のため、天皇のためしっかり戦うと誓いを立て、幼い子供にさえ、立派な兵隊さんになれるようにしっかり勉強しなさいと親も教師も口にしたのである。

徐々に軍国主義化していく中での教育の恐ろしさを感じる。一家の大黒柱であっても、召集令状が来れば、涙を隠し、祝して戦場に送り出さなければならなかった。日本は神国だから負けることはないと誰もが信じ、勝利すると確信している。だから自分の子を戦争に送り出せるのだろうが、人々の心に深くしみ込んだこの思いは、後に詠んだ祖母の歌にも表れていた。

降伏の玉音などはデマなりとわれら最後まで信じて居りき
無条件降伏などと口にする我娘を怒りぬわれはひとすじに
軍国の母と気負いて自らを鞭打ち生きぬ三十年を
国のためとただに耐えたる三十年思いたどれば怒り湧き立つ
（翁長ツル）

長男唯俊の戦死、娘の祥子が対馬丸で遭難死したことで祖父母夫婦の歯車はかみ合わなくなったのかも知れない。好き合って結婚した祖父母だったからこそ、祖母は小学校教師として働き、夫に好きな英語を東京の青山学院で学ばせたのだ。第一期生として卒業した祖父は沖縄県立水産中学校で英語教師になった。しかし、戦争で空虚となった心の隙間を埋められなくなった祖父は、自身の置き場を無くしていった。

息子の戦死が原因とはいえ、酒に溺れた夫が他の女性に走ったことが許せず、はっきりした性格の祖母は一時の感情で離婚してしまった。後で悔やんだようだが。

又吉家の従妹兄弟たち

沖縄に帰れなくなった母美津子が、心の拠り所として頼りにしていたのは、東京都内や近郊に住んでいた又吉家の従妹兄弟《いとこ》たちだった。祖母ツルの妹、邦子《くにこ》の子供たちで、母とは十歳以上も離れていたが、母を慕って「美津ちゃん姉さん」と呼び、事あるごとに栃木まで来てくれた。七人きょうだいのうち四番目の千恵子は十歳の時、対馬丸に乗船して亡くなった。

この従妹兄弟たちが栃木まで訪ねてくれることで、母はどれ程慰められたことだろう。沖縄から遠い栃木で暮らすようになって母以上に寂しく思っていたに違いない祖母ツルにとっても、甥や姪が会いに来てくれたことは至上の喜びではなかっただろうか。ツルおばあちゃんの喜ぶ顔を思い浮かべるだけでほんのり温かさを感じる。誰も対馬丸のことを話題にすることはなかった。

こと切れし母の肌《はだえ》のぬくもりに急ぎ来し姪は泣き崩れたり
歌だけは続き呉れよと口癖にさとしし母も不帰の人なる
百五歳いきたる祖母は塾のお茶入れたる後に古語口ずさみ

（新崎美津子）

戦前は、父方の祖父母も、母方の祖父母も、沖縄県那覇市泊《とまり》に多くの親戚と共に住んでいた。沖縄の方言に「いちゃりばちょーでぇー」というのがある。「行き逢えば兄弟」という意味で、会うだけで兄弟の付き合いをするというのである。人との触れ合いや繋がりをとても大事にしている沖縄県民の心そのものである。父も母の従妹たちをとても大事にしていて歓待していた。親戚も知り合いもない栃木県に移住して来た両親にとって、従兄弟たちとの付き合いは、「泊」を彷彿《ほうふつ》とさせるものではなかっただろうか。

しかし、ここにも対馬丸事件の影があって、母が対馬丸で疎開の引率をしていたことが、影響を及ぼしたのではないか、それを私が考えるようになったのは最近のことだ。そして、又吉家について触れてみたいと思い、東京、千葉、沖縄と、母方の親戚を訪ねることにした。以下は、そこで知り得た話である。

又吉家が一番幸せだった頃

ツルの妹邦子は同じ教師をしていた又吉康福《またよしこうふく》と結婚した。康福は戦後、沖縄の盲学校の教育に力を尽くし、昭和二十六年、廃校になっていた県立沖縄盲学校を復活させ、校長に就いた人である。

余談になるが、昭和三十年、重複障害者であるアメリカ合衆国の作家、ヘレン・ケラーが那覇空港に降り立った時、康福は、全校生を空港まで連れて行き会わせた。ヘレン・ケラー女史は「胸を張りなさい。自信を持ちなさい」と生徒に語り、激励したという。

二〇一八年六月二十五日、那覇市の近く、南風原《はえばる》町にある県立盲学校を訪ねた時、資料室に大きく伸ばした写真をパネルに貼って展示してあった。そこには女史とともにサリバン先生も写っていた。目に障害を持つ子供たちにとって、ヘレン・ケラー女史に直接会って話したことは生きて行く上で、大きな自信に繋がったことだろう。

康福と邦子には七人の子供がいて、次女の千恵子が学童疎開で対馬丸に乗り犠牲になった。又吉家の長男で家族思いの康矩《やすのり》は「想い出ノート」を綴《つづ》っていた。そこには、両親への気遣い、兄弟姉妹への心配りが事細かく書かれていた。昭和十五年、又吉家は両親の転勤で大阪に移住することになった。長女、長男、次男が大阪で暮らし、下の三人の姉妹は沖縄で祖父母に預けられた。

大阪で生活が始まって間もなく、次男が病気で亡くなり、翌年の二月には、七人目の子康男《やすお》が生まれた。しかし不幸なことに母親の邦子は、産後の肥立《ひだ》ちが悪く敗血症を発症し、一か月後に亡くなった。生まれてすぐに母と引き離された弟を不憫に思い、康矩は大声で泣いたと書いている。母親の死は忘れられない悲しみだった。

その後、生まれたばかりの康男は父康福の姉に預けられた。責任感の強い康矩は、離ればなれに育った兄弟姉妹を気遣うことを忘れなかった。

「沖縄泊の我が家の離れには、両親と生まれたての赤ちゃんがいて、会いに行くのが楽しみだった。四女の美智子が生まれた時だろう。この頃が我が家の一番幸せな時期だった」

康矩は「想い出ノート」で、このように回想している。

大阪の伯父宅に預けられていた康矩は姉と共に沖縄に戻った。母親代わりだという自覚も強かった康矩のその後の生活は、十代半ばの少年には辛すぎる生活が続いた。

当時、十四歳の男児は、何か理由がなければ県外には疎開することを認められなかった。康矩は母の代わりに幼い子供たちの面倒をみるという名目で、幸運にも沖縄から出られることになった。その一か月後、中学二年以上の学生は陸軍へ編入された（鉄血勤皇隊）。この措置で同級生の半分以上は戦死したのだという。

康矩は亡くなった同級生に申し訳なく、沖縄には足を向けられなかった。康矩もまた、自分だけが生き残ったという自責の念を胸に秘めていたのだった。

対馬丸で犠牲になった子供たち

次女千恵子は、昭和十九年八月二十一日の学童疎開船「対馬丸」で、泊国民学校の友達と一緒に疎開したいと言った。家族全員で疎開するつもりだったが、遠足気分で喜んでいる千恵子を止めることは出来なかった。康矩は仕方なく港まで見送りに行った。その姿が最後になるとは……七〇年以上経った今でも、あの時行かせてしまったという後悔は消えないと康矩は寂しそうに語った。

父康福は小禄《おろく》国民学校の学童疎開引率訓導になっていたので、対馬丸が出航した後、学童と共に家族全員を連れ疎開した。先に着いているはずの千恵子がいない。すぐ探したが、対馬丸は沈められたのだと聞いて、大変なショックを受けたという。

対馬丸で犠牲になったもう一人の男の子がいる。康福の甥で十四歳の富原盛匡《とみはらせいきょう》だった。康矩とは学年が同じ従兄同士だった。

康福は、姉の子である盛匡に疎開を勧めたことをとても後悔した。沖縄が戦場になるということは分かっていた。それだけに、少しでも安全圏内にと疎開を勧めたのだ。姪の美津子が訓導として対馬丸に乗るということは、疎開を勧める上で安心材料になったのかも知れない。

母美津子も教師として疎開勧奨で家庭訪問した時に「誰々さんも行くからいいでしょう」と同じ言葉を使っていた。それが身内になると余計に安心感が増してくるのだ。

国策だからと疎開を強制され、良かれと思って勧めたことが最悪の結果となり、自分を責めてしまう。国策が間違っていたのだから、国が責められなければならないのに。

又吉邦子叔母の家でも二人の子供が犠牲になった。このことを姪である美津子は、自分が対馬丸引率訓導であったことに引責を感じていたのではないか。

栃木に通って来てくれた又吉家の従兄弟たちは、母とは対馬丸の話はしなかったという。その温かい心遣いに、娘として精一杯の感謝の気持ちを表したい。

戦争という国と国の争いに巻き込まれ、振り回されて危険な目に遭いながらも、人生を大事にしようと生きて来た祖父母や両親、そしてその従兄弟たち。身近な人たちが経験してきた苦労を無にしてはいけない。

その非常時に生きて来た人たちの足跡を消すことなく、書きとめ、後世に伝えて行くことは後に続く者の役目ではないだろうか。二度と戦争が起きないようにするために。

母が言っていた言葉を思い出す。

「人間はまた、いつ間違った方向に進んでしまうかも知れない。一人ひとりが自覚して見て行かなければいけない」

奇跡の生還――髙良政勝氏と対馬丸記念館

三日間も漂流し奇跡的に助かった四歳の男の子がいた

これから読んで頂く長い手紙は、学童疎開船「対馬丸」に乗った家家族九人を鹿児島で迎えるはずだった十九歳の青年・髙良《たから》政弘《まさひろ》氏が、沖縄に残っている祖父母宛てに書いたものである。

昭和十九年八月三十一日付の手紙は、㊙から始まる。

㊙

御祖父母様にはその後いかがでしょうか。私は日々元気です。

さて、今度両親を初め弟妹ら九人疎開のため沖縄より出発したとのこと、私は毎日、それを楽しく待っておりました。しかし、運命というのが世にあります。不幸、二二日の夜一〇時過ぎ、遭難したとのこと、二四日、学校に県の社会課より通知がありました。驚いて県庁へ行き事情を聞きましたところ、千代がただ一人助けられて旅館にいるとのこと。

さっそく千代の方へ行きました。

旅館にはたった五五名が助けられておりました。みな服装はメチャメチャで、女で見られないくらいのもおりました。実際生き地獄でした。泣いている妹より聞きましたところ、その晩は家族一二名みな浮衣をつけて甲板に上がり一ヶ所にいたそうです。一発、次いで二発目で船は傾いたそうです。千代はすぐ波に呑まれてしまったとのこと。しばらくしてから上に浮き、醤油樽にすがって一夜を明かし、翌二三日のずっとおそく午後に、もう浮衣が一、二時間しか保たんというときに、救助船に見られ一命を助かったとのことです。その日の朝まで、イカダに多くの人はつかまって海一面に浮いていたが、午後になるとみな散り散りになりわからなくなったそうです。そのすぐ近くに草や土の色のはっきり見える島もあったとのこと、またそこ上がった人は有りはせんかと自分は思っております。さてその晩に明二五日、また救助船が入るとのこと。朝早く五時に港へ行きました。前夜は政勝のことばかり夢見ました。救助船はやっと九時に入りました。

今度は海に二夜も浸かっていた人ばかりでした。色は黒く皮は剥げ、全く恐ろしい様子でした。自分の親や弟妹はいないかとじっと一人ひとり見ていますと、ボーイに抱かれた裸の子が降りてきました。よく見ると政勝でした。

ああ、政勝よ、助かってくれてありがとう。勝ちゃん生きていたのか、ありがとう、と泣きながら言って走って勝ちゃんを受け取りました。不幸中の幸いで怪我はありません。ただ、港で、男の兄弟二人泣きました。

千六百名よりわずかに助けられたものの中に、五歳の幼い勝ちゃんがよくも助かったのだと思うと強く強く、弟を抱いてただ泣いたのでした。男の子一人でもよく助かってくれたとただただ不幸ながら思うばかりです。その日は七七名でした。

家の隣の國吉のキク子と眞勝も助かりました。さっそく、自分は千代にそれを知らせました。「旅館で着物を貰って着けさせました。勝は何も分からないで「母ちゃんはまだ来ないね、いつ来るね」と言い私を困らせました。また、おじいさんのところへ帰るともいいました。

しかし、昨日、今日からはおとなしく千代と二人暮らしております。その日以後、また学童が十四名くらい助けられました。まだ不明として知らせません。大島辺りに上がって居てくれたらと祈っております。

おじい様、おばあ様には私以上に悲しいでしょう。しかし私たちはもうそのことよりは今後どうして生きていくかを考えるべきです。力を落とさんで下さいませ。一家より九人も亡き者としたことは、確かに不幸です。

しかし、今さら悔ゆるともだめです。おじい様、おばあ様気を落とされず、今より一層強く生きましょう。あのにくい米英に勝つまでは死んでも死に切れません。この政弘、誰がなんと言おうと妹千代と力を合わせて必ず政勝を成人させ軍人にします。政勝は神様が将来やるべき大切なことがあると思い、一命を助けてくださったのです。私は勝ちゃんを必ず立派にします。一〇名の子より残れる三名、亡き七名の仇はどうしても取らねばなりません。一人で三人分も四人分も頑張るのです。戦いに勝つのを見て死にたい。それまではどうしても強く生き抜きます。御祖父母様にはますます御気を強く持たれて働いてください。この政弘が成人するまで必ず壮健にいて下さい。父母亡き後成人しても誰も見てくれなければ情けなくなります。どうかお二人様、政弘と政勝のためと思いまして、落胆されず今後暮らして下さいませ。私は決して中途で倒れません。気の強い人ならば今後一層生き抜くことです。フラーにならないで下さい。心よりお願いします。後に残った私たちのために気丈夫にして過ごしてください。もうすんだことは仕方ありません。今後に最善を尽くしましょう。

政弘が生きておりますので間はどうしても家を再興して見せます。私が生きております間は落胆しないでください。石にかじりついても勝ちましょう。

千六百名より救助されたのが一五三名くらいです。それを思えば不幸中なるも良かったのです。私は助けられた二名の弟妹が神の子のような気がします。なお、ボーイの言葉によりますと、勝ちゃんははじめ父に抱かれていたが、ボーイが強いて受け取ったとの事です。父のイカダは縄が切れたとのことでした。

それから私の知った人では佐久川の女の子どもツル子とよへなのハナ子という二人が助かっております。古見澤様は其の事を聞かれて金百円と政勝の着物と冬のための毛布四枚下さいました。右お知らせします。

疎開は縣に願いウーヤーのユキ姉さん達と一所にさせることにしました。親戚と一緒が良いのですから。國吉の子供二人も同じ方法を取りました。二人の当分の間の生活費と他入り用品（何しろ裸同様で救助されたのですから）等の為電報で百円也を請求しましたが、着いたでしょうか。『スグガクコウニ、０一００オクレ　マサヒロ』と書きました。無理とは思いますが、しかしどうしても入用なのですから。私宛学校へ送って下さい。私は明三、四日後に弟妹をユキ姉さんの所まで連れて行きます。住所は、熊本県葦北郡佐敷町です。

尚、私は、家に金がありませんでしたら、学校に相談し、どうにかして後八ヶ月は出たいと思います。千代から聞きましたが、よし子叔母さんにお願いして下さい。一人前になってからよし子叔母さんが出した金はきっとお返し致します。

九月二十日より来年の一月十九日までは動員に行きますから、金は二、三十円で一ヶ月分として送ってください。尚、家で金が有りませんでしたら、縣か学校に相談したいと思います。来年動員より帰って、二月、三月、四月、五月、六月、七月、八月、九月には卒業ですから、どうにかして出して下さい。尚御意見ありましたらお便り下さい。亡くなられた両親に対しても、今までの苦労を水の泡にしたく有りません。

併し家の状態がこんなに違ってまでも学校に出ようとする私の心を考え違い等しないで下さい。今学校を退いてもすぐ兵隊へ。それよりは卒業して来年資格を取り、入隊した方が良いと信じます。其の点よくお考え下さい。尚よし子叔母さんにも今の自分の心中を知らして下さい。

おじい様、おばあ様くれぐれも力を落とされずに一日一日生き抜かれんことを祈ります。これまでのことは一行たりとも隣近所の者に知らしてはなりません。極秘です。だから玉那覇様にご足労を願ったのです。今は玉那覇様を見ると父のように思えて仕方有りません。今後父がいませんので「お父さん」という言葉を使うことが出来なくなりました。

私は玉那覇様に「お父さん」と言います。また、道を歩いている小さな子供たちをみな弟と思い、また妹と考えて心を静かにして勉強します。

私は落胆いたしません。男らしく雄々しく困難を乗り切って進みます。負けるのが一番嫌いです。

さあみんな一かたまりになって、戦争中の今日を涙見せずに渡りましょう。

おばあさん、私の心が分かりますならば少しも泣かれずに頑張ってくださいませ。お願いします。小さい時、一〇人の子供の中で一番体の弱かった私が今まで丈夫にいることは、確

2019年、対馬丸記念館にて髙良政勝氏と

してみた。普段は固定電話には出ないのだそうだ。

「ラッキーでしたね、今日は日曜日で、休みなのですぐ来てもいいですよ」

と言われ、天にも昇る気持ちで携帯を切った後、何も持たずに即刻出掛けてしまった。もし、お会い出来た時にはと思い、準備して来た手土産も持っていくのを忘れてしまったのだ。あまりにも突然の出来事だった。いかに有頂天になっていたか、住所もあまり確かめずに飛び出し、タクシーに乗ってからそれに気づいた。タクシーの中から再度電話して、住所を確認した。

到着した「たから歯科」は三階建ての大きなビルだった。早とちりして電話を切ってしまった私を心配して、髙良先生は、ビルの外に出て笑顔で迎えて下さっていた。本当にありがたかった。健康のため、毎日三階の診察室まで階段を使うのだそうだ。広い研修室を備えた大きな建物だった。院長室と思われる書類がたくさんある広い部屋に通された。ソファーに案内された。いつ本題を切り出そうかと思いながら無難な話で時間を稼いでいた。

断られるかもと思いながら、「髙良先生の対馬丸の体験を書かせて頂けないでしょうか」とお願いしてみた。すると快く了承して下さったのだ。内心飛び上がるほど嬉しかった。

一方で私の心に不安と迷いが同時に押し寄せて来たのも確かだった。この渦巻く不安を少しでも払拭出来ないものかと、いくつか質問をさせて頂いたが、勉強不足のためぎこちないものとなってしまった。それでも温かく接して下さった。携帯の電話番号も教えて頂き、沖縄の人たちに共通する温かみを感じた。感謝の気持ちでいっぱいになった。猛反省するとともに、最善を尽くし全力で挑戦してみようという気持ちになった。

まさに沖縄の方言で言う「いちゃりばちょーでぇー」(行逢りば兄弟)である。

一度会えば兄弟だというのだ。人との触れ合いや繋がりを大切にする沖縄の心に出合う時、心は末広がりに温かくなる。

その後も、髙良先生には何度か電話取材をさせて頂き、お話を伺った。また、ご家族の写真や様々な資料も送って下さり、とても有り難かった。ご厚意に感謝の気持ちでいっぱいだ。

髙良家と対馬丸

戦前、髙良家は那覇市牧志《まきし》で乳牛を飼い、牛乳の製造販売業を営んでいた。牧志近辺は乳牛を飼っている家が多かった。

毎年行われる牛の結核健診時には、結核牛だと宣告されることを皆が恐れた。獣医師の一言ひことにびくびくしていた祖父母や両親の苦労する姿を見て、政弘は「よし、牧志の『牛乳屋』、ひいては沖縄の『牛乳屋』の牛から一頭の結核牛も出さないようにしよう、何としても獣医師になろう」と決心したのだという。

県立第一中学校に進み、優秀だった政弘は両親の期待を一身に受け、獣医師になるべく鹿児島農林専門学校で勉学に励んだ。

太平洋戦争末期、沖縄の疎開事業が始まった時、両親は疎開の決断をした。沖縄も戦場になるかも知れないと判断しただけでなく、二年前に沖縄を離れ、鹿児島高等農林専門学校で勉強している自慢の長男政弘に会いたいと思っていたからだ。

父親は、家業の「牛乳屋」をたたみ、疎開することにした。しかし、乳牛の買い手探しに手間取り、乗れた船が「対馬丸」だったのだ。

昭和十九年八月二十一日、政弘をのぞく高良家の九人の兄弟姉妹たちは、那覇港の埠頭から対馬丸に乗り込んだ。両親とともに大きな船に乗れたことを大喜びしていたという。

サイパンが陥落してからは、アメリカ軍の沖縄上陸は必至だと睨んでいた政府は疎開事業を進めていた。その当時の沖縄は、行くも地獄、残るも地獄と言われていた。海空とも米軍に握られていたが、特に海は危険だった。そして翌日の二十二日夜十時過ぎ、アメリカ海軍の潜水艦ボーフィン号によって学童疎開船「対馬丸」は撃沈された。

政弘の妹で長女の千代は対馬丸事件で、政勝より一日早く助けられた。真っ暗な海中で醤油樽にすがり、もがいているうちに一晩が過ぎた。もうすぐ沈んでしまうと死を覚悟した時に救助船に助けられた。夕方になっていただろうか。恐ろしい思いで一日中荒れ狂う波と格闘していたのだ。多くのサメが泳いでいるような海域でもあった。当時十七歳だった。

兄の政弘は、千代が助けられ旅館にいると県の社会課から連絡があり、すぐ駆け付けた。泣きじゃくっていたという千代は、兄の顔を見てどんなにか安心したことだろう。

髙良政弘氏の戦後

昭和二十年九月、鹿児島農林専門学校獣医畜産科を繰り上げ卒業。その後、請われて大分の畜産駐在員を務めた。その大分で、対馬丸事件の後に無事、九州に疎開していた祖父母と合流した。初めはお寺に三家族で住んでいたが、暫くして一軒家に移り住んだ。叔父、叔母の家族十人以上が一緒に住んでいたような気がする。経済的なことはよく分からないが、兄が一人で面倒をみていたのではないだろうか。気苦労も多く大変だったと思うと、政勝は兄を思いやり語った。

昭和二十一年には、家族全員で那覇市牧志の実家に戻って来た。全員と言っても十二人家族のうち、本土へ疎開の途中、九人を対馬丸事件で亡くしてしまったのだから、十二人で暮らしていた頃と同じ家に戻っても、大家族の賑やかさはもうない。その空しさ、苛酷な現実に、祖父母の心は、容赦ない暴風に晒《さら》されたような辛い思いだったのではないだろうか。後悔ばかりが堂々巡りをしていたのではないだろうか。

「対馬丸に乗せなければ良かった」

「牛を早く売って前の船に乗せれば良かった」

「自分たちと同じ船に乗せれば良かった」

政弘の手紙には「私以上に悲しいでしょう。この現実よりも、今後、どうして生きていくかを考えるべきです」と祖父母に対して、思いやりと将来の指針を示している。

この時、政弘若干二十一歳。祖父母と同じ思いだったろうが、若くして一家の長となった政弘は、口にも出せず、誰にも頼ることが出来なかった。また相談する両親も既にいない。言うに言えない苦悩を抱え、一番辛い思いを秘めていたのかも知れない。

故郷に戻ってみれば、家の周りは焼け野原。否応なく戦争の爪痕を突き付けられた。那覇の町は空襲で市民が何百人も死んだ。疎開出来なかった人たちの多くは亡くなった。

政弘は「必ず家を再興す」と、強い言葉で誓ったものの、この状況を目にして心細くもあったろう。獣医師になっていた強みが折れそうな心を支えた。

牧志の実家は、屋根が吹き飛んでいたが、幸い焼けずに残っていた。みんなで使えそうな赤《あか》瓦《がわら》を拾いに行き、夢中で集めた。

沖縄の瓦は琉球赤瓦とも呼ばれ、沖縄の風土に合わせて、強風にも飛ばされないように漆喰《しっくい》でしっかりと固められている。しかし、漆喰が付着している瓦は取り除かないとうまく使えなかったので、一生懸命に剥《は》がした。六、七歳の子供にとっては重労働だっただろう。このことを政勝氏は、はっきりと記憶していた。男では長兄と自分だけが残ったという境遇に、自分がやらなければという責任感だったかも知れない。

政弘氏の輝かしい功績

政勝氏が送ってくれた資料の中で、兄政弘氏の経歴、功績が書かれた書類を読んだ時、目が釘付けになった。そこには私の想像をはるかに超えた、あの純粋な軍国青年の成長した輝かしい姿があったからだ。素晴らしい栄光を表す文字が並んでいた。

真面目一方の政弘氏は、強烈な軍国教育を信じ純粋に日本の勝利を信じて疑わない心意気を持った青年だった。

戦時中は誤った情報と軍部に思想を強要されたため、誰もが従わざるを得なかった。それにより国民は絶対の勝利を信じ込まされた。だが、日本は負けた。終戦の日を境に日本国民は、一八〇度考えを変えることを余儀なくされた。多くの人は戸惑い、人生の指針を無くして呆然となったのではないか。

そんななか政弘氏は、軍国時代の熱意と勢いそのままを、家業だった家畜の伝染病に対する研究へ見事に振り向けた。戦前戦後とも変わらず自分の信念を通し、その息切れしない行動は素晴らしい功績となって表れた。

両親、七人の弟妹を失った悲しみを振り返ることはなく、いや、それは口に出さなかっただけだ。そのどうしようもない悲しみ、落胆をバネにして獣・畜産業界の発展と向上のために全力を注いだのだった。

「一人で三人分も四人分も頑張るのです。私は落胆しません」

と政弘は手紙に記している。対馬丸で九人の家族を亡くした直後の言葉とは思えないほど心強い言葉だ。まさに有言実行である。


大分県から沖縄に戻った翌年の昭和二十二年四月から、琉球政府経済局畜産課に勤務している。九年ほど勤め、依頼退職した。昭和三十一年には高良獣医科病院を開業。

琉球獣医師会はあったが、戦後社会が落ち着くにつれ、組織の拡大、活動などを目的に法人設立に向け、政弘氏は基礎作りに奔走した。本土復帰（昭和四十七年）に伴い、沖縄獣医師会の初代会長に就任した。その後、九州地区獣医師会連合会会長、日本獣医師会理事など歴任。獣医師法の改正、畜産業の発展、公衆衛生の改善、勤務医師の待遇改善に貢献。農林水産省獣医師免許審査議会委員を務める。狂犬病予防事業にも貢献。温厚篤実な性格の政弘氏は動物愛護の大切さも広めていった。

要職に付きながら学術研究にも取り組み、「沖縄来間島《くりまじま》隔離集団の人類遺伝学的研究」を発表し、鹿児島大学から医学博士の称号を授与された。大学では講師として教鞭も振るった。これらの社会的貢献により様々な表彰を受け、平成三年には厚生大臣表彰、勲五等双光旭日賞を受賞している。

ここに書き切れないほどの功績を残し、圧巻とも言える人生を送った政弘氏だが、対馬丸事件の悲しみを全てこれらの行動に押し込めたような気がしてならない。それを傍で助けていたのは、妻の文子であった。文子は当時珍しい薙刀《なぎなた》三段の持ち主だったという。

政弘氏の背中を見て育った政勝氏も、大阪大学歯学部を卒業し、歯学研究科にて歯学博士の称号を与えられた。昭和四十八年那覇市松尾にて開院。牧志、大道《だいどう》、二度の移転を経て、平成九年より安里《あさと》にて「たから歯科」を開業。

髙良政勝院長は、医療技術は「秒進日歩」だと捉え、常に治療の先端技術を求め、経営努力を続けている。歯科医師会の役職なども積極的に受け入れ、数々の表彰と共に平成八年には厚生大臣表彰、勲五等双光旭日賞も受賞した。また対馬丸記念会の理事長として、遺族代表として皆の信頼を集め、大きな存在となっている。

対馬丸記念館を開設

政勝氏によると、兄の政弘氏が書き残した手紙の原文は、コピーして兄に返したそうだが、以来所在不明となっているそうだ。しかし、その時はコピーを取っただけでよく読まずしまい込んでしまったという。そのコピーも長い間行方が分からなくなっていた。政勝氏が歯科医院を開業してから二度の移転を経て、現在安里で医院経営に至っている。照らし合わせてみると、この慌ただしくしていた頃に重なっているようだ。

それから間もなく、「対馬丸記念館」建設の話が持ち上がり、平成十三(二〇〇一)年七月四日「財団法人対馬丸記念会」が設立された。

「対馬丸記念館」の開館は平成十六年八月二十二日、プレオープンが八月十五日だった。不思議なことに長い間行方が分からなくなっていた兄の手紙が、その前日に偶然見つかったのだ。コピーしておいたものだった。政勝氏は胸を撫で下ろした。

この時、兄の手紙を初めてじっくり読んでみた。対馬丸事件から六〇年が経過していた。最後まで読んだ時、父に対して言葉にならない感謝の気持ちが胸いっぱいに広がった瞬間だった。初めての気持ちだった。

兄の手紙により、自分は父親に抱かれていたことを知った。一人で生き延びたと思っていたが、そうではなかったのだと知り驚いた。四歳と幼かったため、その時の記憶はほとんどないが、筏《いかだ》につかまっていたこと、海水が鼻に入り痛かったこと、背中を小魚に喰われたことぐらいである。恐怖も感じなかった。実際は父親が抱いて支えてくれていたのだ。

台風が近づいていた海は、かなり波が高く荒れていたという。見渡す限りの海原に幼子が筏につかまり、三日間も波任せに揺られていたなんて想像出来るだろうか。あの広い海にただ一人。父親がずっと抱いていてくれたとしても荒波の中だ。三日目に救助船が見つけた時、父親の体力はすでに限界だった。

政勝は、父の命と引き換えに今の自分があるのだと認識を新たにした。

「対馬丸記念館」が開館して一六年、政弘氏の手紙は、入ってすぐの場所に展示されている。

2001年、財団法人対馬丸記念会設立発起人会。下写真は左から2人目が私、左隣が母

左から髙良政弘氏、千代氏、政勝氏。平和祈念公園内、平和の礎にて

悲しい事実を隠すことなく正確に伝えながら、祖父母を思い遣る言葉がそこかしこに書かれている。自分自身も失望のどん底にいたはずなのに、心細さの中にいたはずなのに、弱音を吐くような言葉は、微塵も書かれてはいない。むしろ、悲劇は悲劇として捉え、前向きに強く生きるよう祖父母を励ましている。

この時十九歳だったことを考えると、我が兄ながら尊敬すると政勝氏は言う。

最晩年の政弘氏は数年間、病に伏せていた。対馬丸記念館が開館した十六日後の平成十六年九月七日、戦前自分が書いた手紙が、世に出ることも知らずに亡くなった。対馬丸のことは、決して話そうとはしなかったという政弘氏だが、最後まで対馬丸で亡くなった両親、弟妹たちの行く末を見届け、その生涯を閉じたのだ。

対馬丸の生存者として、この悲劇を伝えて行くことは義務だと政勝氏は言う。

後日、政勝氏から聞いた。あの政弘氏が書いた直筆の手紙は何処を探してもないのだという。政弘氏の遺品の中にもなかった。姪たちに手伝って貰って探したがそれでも見つからなかった。

十九歳で書いたあの強い決意を示した手紙。政弘氏は、後には引けぬ思いで書いている。その一年後に日本は敗戦を迎えた。

政弘氏はどういう気持ちで敗戦を受け入れたのか。糸満市にある平和祈念公園、戦没者の名を記した平和の礎《いしじ》の前で、きょうだいと共に写っている政弘氏を見ていると、すべては戦争が悪いのだと無言の叫びが聞こえて来るようだ。

＊二〇二〇年八月記。［参考文献・資料］対馬丸記念館公式ガイドブック、水に流せない過去（髙良政勝）、髙良政弘功績調書、沖縄タイムス社記事

付記

二〇二三年八月二十二日、沖縄タイムス社が報道した記事を見て驚いた。髙良政勝氏の兄、髙良政弘氏の手紙の原本が見つかったというのだ。

取材時の話では政勝氏は実家に行き、姪御さんともども、手紙の原本を探したそうである。しかし、その時は政弘氏の手紙のコピーしかないということだったのである。

そして、今回見つかった政弘氏の手紙の原本を是非見せて頂きたいと、政勝氏に申し出てみた。快く応じて下さり、娘さんを通して写真が送られてきた。それを丁寧に以前からのものと読み比べてみた。新しく目にした政弘氏の手紙の中には、さらに驚くべきことが書かれてあった。つま

り間を抜いてコピーされたものだと分かった。政弘氏ご本人の意図かどうかは分からない。

今回見つかった手紙の原本の中で、抜けていた部分を丁寧に整理した。その部分は、冒頭で紹介した㊙で始まる政弘氏の手紙の中に、本来あるべきところに収めた。その部分を抜粋する。


——尚、私は、家に金がありませんでしたら、学校に相談し、どうにかして後八ヶ月は出たいと思います。千代から聞きましたが、よし子叔母さんにお願いして下さい。一人前になってからよし子叔母さんが出した金はきっとお返し致します。

尚、家で金が有りませんでしたら、縣か学校に相談したいと思います。

来年動員より帰って、九月には卒業ですから、どうにかして出して下さい。尚御意見ありましたらお便り下さい。亡くなられた両親に対しても、今までの苦労を水の泡にしたく有りません。

併し家の状態がこんなに違ってまでも学校に出ようとする私の心を考え違い等しないで下さい。今学校を退いてもすぐ兵隊へ　それよりは卒業して来年資格を取り、入隊した方が良いと信じます。其の点よくお考え下さい。


家族のほとんどを亡くした現実に向き合いながら、冷静に将来を見つめ、子供や何人もの孫を一度に失って打ちひしがれているだろう祖父母に、お金を要求する。当時の苛酷な状況の中で、戦時中の時世を適格に判断し、一家の長となる自分の立場を明確に示す。この行動は、目の前の不幸に一旦目をつぶり、勇気をもって将来に向かおうとする家族愛には違いないだろう。

この時政弘氏は十九歳である。政弘氏の強靭な精神力と将来を見据えた正確な判断力。その勇気ある行動に、無限の感動を覚えるのだ。

対馬丸を沈めた潜水艦「ボーフィン号」を母と見に行く

ビデオカメラ遂に買いたりハワイ行きの出発を待つ準備完了
同行の友に支えらるる我遂に踏みたりハワイの土を
ここハワイ杖を頼りに遂に来た夢の砂浜一望千里
真珠湾にボーフィン号が展示され総身震うごとき怒りが

（新崎美津子）

ハワイに展示されていた対馬丸を沈めた潜水艦
ある時、母が言った。
「ハワイに行かない？」
その一言に私は喜んだ。

「うん、行く行く。でもどうして？」

「対馬丸の子供たちがあんなにたくさん殺されたのに、その時の潜水艦が真珠湾に展示されているんだって！」

初めて知ったかのように、殺人潜水艦「ボーフィン号」が展示されているなんて許せないと激怒したのだ。

母が感情をむき出しにして話しているのを見るのは久しぶりだった。子供の頃、怒られた時以来かも知れない。いつも理性を優先させ、感情を出すことがめったにない母だったから、この時のことは強く印象に残っている。

しかし、母の感情に走った会話は短時間で終わった。すぐにいつも通りの穏やかな母に戻った。父が亡くなってから、母は、対馬丸で亡くなった子供たちのことばかりを考えていたようだ。あのボーフィン号を見に行かなければ子供たちに申し訳ないと思ったのかも知れない。

この頃、私は「対馬丸事件」に関しては、通り一片のことしか知らなかったし、深く知ろうとも思わなかった。心の中に入り込んでもらいたくないという母の気持ちは感じていたので、そっとしておこうという気持ちの方が強かった。ただストーリー的に知っているだけで、それ以上踏み込むことはタブーだとさえ思っていた。母にとって辛い経験には違いないのに、実際に聞いてもにこやかな顔をして冗談めいた返事しか返って来なかったからだ。

「ボーフィン号」がハワイの真珠湾に展示されていることを、母は前から知っていた。突然、ハワイに展示されている憎き「ボーフィン号」を見に行こうと言った心境はどこにあったのだろう。純粋な心を持った子供たちがどうして殺されたのか知りたい、そしてその魚雷を発射したボーフィン号を一度は見たい、それは当然の望みだと思うが、それについて訊ねることはしなかった。

もともと母は旅行好きだった。八十歳を超え、押し車がなければ歩けなくなっていたが、当然、私が同行するものと決めて頼っていると感じられた。母は何でも前向きに考える人で、私はそういう考え方をする母が好きだった。その母のため全力を尽くそうという気持ちに、自然になる。私は単純に喜んだ。深く考えず、母とハワイに行ける、ただこのことだけに歓喜し、頭の中は次のステップを考えていた。数日後に栃木のＪＴＢに予約に行ったのだった。

笑顔でホノルルに到着

平成十二年十月、母の友人二人を誘ってハワイのパールハーバーを訪ねる日がやって来た。目的が達成出来るだけの三泊五日の旅を設定した。友人の一人は男性だったので、歩行が不自由な母を連れての旅でも心強かった。この頃母が使っていたシルバーカーは、小ぶりでちょっとおしゃれな、杖の代わりにもなる押し車だった。折り畳みが容易に出来て、小さな椅子が付いていた。色は明るい紺色で可愛い花柄が散らばっていた。この押し車がハワイまで同行することになった。使わない時は同行した男性が持ってくれた。

成田の出発カウンターでチェックインした時、母の「愛車」に荷札を付けて預かって貰った。小ぶりな造りなのでそれ程邪魔にはならない。その後は空港の車椅子を借りた。空港のスタッフが押して搭乗ゲートまで連れて行ってくれた。車椅子使用者がいることで優遇され、並びの先頭に誘導してくれたのだ。空港側が安全のために取り計らってくれるサービスだが、こんなことは初めてだった。余裕を持って最初に搭乗することが出来たが、並んでいた大勢の乗客には申し訳ないという気持ちでいっぱいだった。


ハワイに向かう飛行機の中で、母がどんな思いでいたのか。その心中を推し測ることなど、旅行気分だった私には考えられなかった。ただ、今回のハワイ旅行の目的は「ボーフィン号を見に行く」ことである。これだけは肝に銘じておこうと、浮かれ気分の自分を戒めた。

母の頭の中では、機内の窓から見える太平洋と沖縄の海とが重なり、対馬丸の撃沈、沈んだ子供たちのこと、憎いボーフィン号のことで頭の中はいっぱいだったのかも知れなかった、旅行好きの母はそれなりに道中は楽しんでいるように感じられた。八時間程の飛行で、日付変更線を飛び越えホノルル国際空港に着いた。

今回の旅の意味や目的などそっちのけで、私はハワイの空気を吸った途端、何とも心地良い南国の空気に満足感を覚えた。天気は晴れ。三度目のハワイである。

母や友人たちの顔を見ると、三人とも満足そうにニコニコしている。到着したのは朝、全員寝不足状態だったが、母たちもそれ程疲れた様子も見せなかった。

午前中はホノルル市内をバスで巡るショートツアーだ。とても風が強かったのを覚えている。市内には、第二次世界大戦やベトナム戦争で亡くなった多くのアメリカ兵士が眠るパンチボウルの丘があり、ダイアモンドヘッドと同じようにクレーター状になっているそうだ。母たちの思いを考え、美しく整備されているに違いないその墓地までは行かなかった。少し心残りだった。

ホテルに到着し、チェックインすると、三人はさすがに疲れが出たようだ。私たちのホテルは、ワイキキ海岸から少し離れていた。ちょっと歩くと海岸沿いに出るのだが、窓から見える景色はどこも常夏のハワイそのままだった。

ホテルのフロントでパールハーバー観光ツアーに申し込んだ。翌日の朝早い出発だというので、母たちには休むように言って、自分一人街に出た。

過去に数度訪れたことがあるホノルルは相変わらず、開放感に溢れ、ゆったりのんびりの様相が漂っている。ホノルルのメイン通り、カラカウア通りの向こうはお馴染みのワイキキビーチだ。カラフルな店に誘惑されそうになるのを抑え、ビーチに足を踏み入れ、砂浜を歩いた。ハワイに来たと実感し嬉しくなった。明日は真珠湾に行くのだと気持ちを新たにし、ホテルに帰った。

パールハーバーに展示されていたボーフィン号

翌朝、私たちは、ホテルの前からツアーバスに乗り、パールハーバーに向かった。バスはいくつかのホテルを回りお客を乗せた。車内では、四十代くらいの親しみやすそうな日本人女性ガイドさんが、ハワイの歴史や文化、これから行くパールハーバーのことなどを丁寧に説明してくれた。私は聞き漏らすまいと耳を傾け、説明の中にある建物やそれらの歴史、特徴的な景色を目に焼き付けようと目を凝らした。やはり、現地ガイドの案内は素晴らしいと満足だった。

パールハーバーには初めて来たが、一つ懸念があった。真珠湾を攻撃し、戦争を起こしたのは日本人だ。アメリカの人々の反日感情に遭遇しないだろうか。しかし、この懸念はすぐに払拭された。戦争資料館になっているビジターセンター入口の建物は日本人見学者も大勢いて、特別視されることもなかった。安心して館内を回ることが出来た。当時の真珠湾攻撃の様子が日米両方の立場から表現された写真が展示され、戦艦の模型なども数多く陳列してあった。

戦艦の模型を見ても、私には特別な感慨はなかった。ただの戦艦、またはどこにでもありそうな戦争博物館としか意識がないのだから、感情が動くことはなかった。だが、母は何かを感じたようだった。

模型の脇を通った時だった。突然、私の前にいた母が絞り出すような声で、息も絶え絶えで苦しそうに、顔をしかめ、傍にいたバスガイドの女性に言った。

「やっと……来ましたよ……」

母の顔は真っ赤になって、硬直しているのか、興奮しているのか、それをやっと抑えているという苦痛にゆがんだ表情をしていた。

小さな声で、辛うじて声を発しているという状態の母を初めて見たのだ。この時の母の胸の内は、張り裂けるほどの憎しみが渦巻いていたのか。


あの日は、前日に那覇港を出航して二日目だった。今日を無事に乗り切れば明日は鹿児島に着く。教師は見張りに立つようにと言い渡されていたのだ。台風が接近していた。海が荒れ始めた。雨も降りそうだ。辺りはとうに日が落ちて真っ暗闇だ。甲板の上はもちろん明かりが消され、大勢の人たちが休んでいる。静かだ。小さな話し声しか聞こえない。暗さに慣れた目には見えている。先ほどまで騒いでいた子供たちは、もう寝たのだろう。大騒ぎしていた船倉内の喧噪が嘘のようだ。

妹の手を引いて一緒に甲板の手すりに掴まって海を見ていた。眼下に見えるのは黒い水に満たされ、果てしなく続いている海だ。海水面まで一〇メートルあると聞いていた。この海を割って、ゆっくりと巨大な対馬丸は長崎に向かって進んでいる。

この辺の海域はいつも荒れているという七島灘だ。同じ船団の暁空丸も和浦丸も見えない。後方には護衛艦もいるはずだ。「明日は鹿児島に着く」という司令官が発した言葉を何度も反芻《はんすう》した。何隻もの船がやられている海には違いない。しかし、無事に目的地についている船もあるではないか。

妹祥子も何も話さなかった。十五歳の妹にも状況はよく分かっていただろう。同じ思いでいたに違いない。黙って海上を見つめている。

その時だった。海面に、何か白い長いものが数本、船に向かって来るのが見えた。

「何だろう……」

次の瞬間、ドッカーン、バリバリバリッッーと大きな音と共に船が大きく揺れた。

「やられた！」

「姉さん！　足を怪我した！」

妹が叫んだ。それどころじゃない。

「今ちょっと黙って」

母はそう叫び、そして後に「もっと優しくしてやれば良かった……」と悔やむことになる。

これが妹との最後の会話だった。

船首が上に向いた。甲板にいた沢山の人たちが泣き叫びながら滑り落ち、泣き叫ぶ声が渦巻いている。子供たちは、親や先生の名を呼び泣きわめいている。

対馬丸の甲板上は、阿鼻叫喚の巷《ちまた》と化してしまった……。


母の目の前にボーフィン号の模型が現れた時、以上のような、対馬丸が撃沈された時の様子が母の脳裏に突然、早送りの映像のように蘇って来たのではないだろうか。

子供たちを殺した憎い犯人が展示されているのは許せないと、母はパールハーバーまでやって来た。母にとっては、憎んでも憎んでも憎み切れない殺人潜水艦「ボーフィン号」。それを自分の目で確かめ、せめてもの復讐の眼光を向けてやりたかったのだ。その冷たい一瞥をくれてやることで、母の気持ちは少し気が済んだのかも知れない。いまだに海の中にいる子供たちだが、魂は対馬丸記念館に還って来ている。母は子供たちに報告したことだろう。

あれから五六年経って、やっとここまで来たのだ。母は八十歳になっていた。

「やっと……来ましたよ……」

誰に言うでもなく、口から出た言葉だったかも知れない。しかし、そのうめくような声は前にいた女性に届いた。

彼女は気が付いて振り返ったが、当然のこと訳も分からず、キョトンとしているだけだった。

観光気分でしかない私は船名を確かめることもなく通り過ぎてしまった。そして、母のうめきを聞いても、その気持ちを思いやるより恥ずかしさが先に立ってしまい、「知らない人に言っても分からないよ」と、私はその場を繕《つくろ》ってしまったのだった。

あの時の母の顔ははっきりと私の中に刻み込まれている。いつも冷静沈着な母が、自分の感情を露わにした唯一の瞬間でもあったからだ。

今、思い出してみると、観光気分の私には全く想像出来ない母がそこにいたのだろう。パールハーバーに近づくに連れ、母の心は緊張が高まっていったのかも知れない。ビジターセンターに入った時も母の顔は見ていない。

当時、母の気持ちを察してあげられなかったことに対して申し訳なく思うと同時に、気が付いたとしても、あの時、どんな言葉を掛けてあげたら良かったのか、今でも分からない。

ボーフィン号の中に入る

ビジターセンターを出た私たち一行は、沖合にあるアリゾナ記念館に向かった。

太平洋戦争のきっかけを作ったのは、日本の真珠湾奇襲攻撃だった。その悲劇の一つが、ここアリゾナ記念館である。戦艦アリゾナは一千人以上の兵士と共に水面下一二メートルの湾内に沈んでいる。その真上にアリゾナメモリアムが建てられ、海軍兵の永眠の地となっている慰霊施設である。しかし、ここには慰霊のために訪れる遺族や親族も多いに違いない。

母の気持ちとは裏腹に、私の中では日本の攻撃でアリゾナの海兵隊が亡くなったのだという負い目のほうが大きく、正直、終始緊張感が抜けなかった。そして、反日感情に遭わないことを祈るばかりだった。

ビジターセンターとアリゾナ記念館の間はアメリカ海軍専用のフェリーが往復してくれる。今でも少しずつ船体から流れ出ているという油が浮いているのを見ることが出来る。アリゾナの涙と言われているらしい。

アリゾナ記念館の見学を終え、再びフェリーでビジターセンターに戻った。ビジターセンターの右手の海上に、潜水艦が係留されていた。それがボーフィン号だった。

母は、やや離れた広場のベンチで、ぼんやりとボーフィン号を眺めていた。係留されたボーフィン号は、湾岸から固定された橋が架けられ、自由に出入り出来るようになっていた。だが、観光客の多くは、このボーフィン号に気が付かないようだった。

「ボーフィン号の中に入れるみたいよ、行って見る?」

私は母の気持ちも考えず、気楽に誘ってみた。私の中に好奇心が芽生え、どうしても見たかったのだ。母は首を横に振った。近づく気もないようだ。

「じゃ私が入って中はどうなっているのか見て来るね」

と言って、ボーフィン号の方に向かった。道路からすぐ細い橋が掛かっている。この橋を渡って潜水艦の中に入ろうとする人はあまりいなかった。入ってみると、本当に狭い。細い通路にある穴みたいな入り口は、途中にいくつかあった。重いハッチを開け、床の高い仕切りを屈《かが》みながら跨《また》ぎ、前に進んだ。感情を抜きにしても、母にはとても無理だと思った

魚雷を発射する窓、それを収納する棚、何となく生々しい。簡単な説明書きはあったが理解出来ない。どのように魚雷が発射されるのか興味が湧いたが、分かるはずもない。複雑な計器類がある部屋に辿り着いた。機関室なのだろうか。こんな狭い環境で海中を長期間潜水し、敵艦船を捜索していたのか。

ボーフィン号（写真／ＡＣ）

見学出来たところはほんの一部分だったかも知れないが、六〇人以上の乗組員がいたというのが信じられなかった。

真珠湾の復讐者と呼ばれた「ボーフィン号」。全長九五メートル、最大二四本の魚雷を搭載出来る潜水艦である。日本軍のハワイ真珠湾奇襲攻撃からちょうど一年後、一九四二年十二月七日に進水した。南西太平洋を中心にパトロールに従事し、一九四五年七月まで日本の艦船四四隻を沈めたとされている。

母は、ボーフィン号を眺めているだけだった。何かを考えて

いるようにも見えた。初めて潜水艦の中に入った珍しさなど話そうとしたが、興味なさそうだった。いつもと変わらず、ニコニコしながら大筋の話に頷くだけだった。

一九四一年十二月八日の日本軍のハワイ真珠湾奇襲攻撃から八〇年以上経った。太平洋戦争の発端となったこの開戦の日本軍の目的は、アメリカ海軍太平洋艦隊主要基地であるパールハーバーに打撃を与え、フィリピンやシンガポールなどアジア戦線を有利に持って行くため、アメリカの介入を防ぐことだったという。米国海軍及び米国民の戦意を挫《くじ》くことにあったのだ。

アメリカでは七日の日曜日だった。早朝、突然雲の切れ間から無数の日本戦闘機があらわれたのだという。多くの兵士は、のんびり休日を過ごしていたに違いない。予期せぬ日本軍の攻撃にスキを突かれた戦艦アリゾナはなすすべもなく撃沈され、たちまち一一七〇人の将兵と共に沈んでしまったのだ。

その真上に建設されたのがアリゾナ記念館である。真珠湾攻撃で亡くなったすべての人たちの慰霊施設である。

アメリカのオバマ大統領が二〇一六年五月、慰霊のため広島を訪れた。それを受けて暮れには日本の安倍総理大臣も真珠湾を訪問、アリゾナ記念館で献花した。両首脳とも犠牲になった御霊を慰霊し、不戦を誓った。

この一連の出来事は、テレビニュースで大きく取り上げられ、心温まる思いに浸ることが出来た。しかし、「真珠湾攻撃」「潜水艦ボーフィン号」「対馬丸撃沈」と、この三つのキーワードは、切っても切れない関係だと思うのだが、報道の中に「対馬丸」の存在はなかった。

毎日忙しいと言う母

戦争に二子を亡くしし母なれば娘我が家に終の日むかう
戦中に一人息《ひとりご》亡くし弔いの日も喪服着ぬと泣きし母逝く
歌だけは続け呉れよと口癖にさとしし母も不帰の人なる

（新崎美津子）

二〇〇四年に父が亡くなってからは、母は一人で過ごすことが多くなった。八十歳を超えて歩くことに支障が出ていて、外を散歩する時には杖かシルバーカーを利用していた。元々、日常生活は行動的な方ではなく、本を読んだり、短歌を詠んだり、新聞の短歌の欄で好きな句を見つけてはノートに貼り付けたりと、椅子に座ってゆったり過ごすのが好きという具合だったので仕方なかったことかも知れない。

友人や知人の訪問も楽しみにしていたが、昼食の準備にお嫁さんが帰って来る時以外はほとんど一人で過ごしていた。

私は時々、母の元を訪ね、「寂しくないの？」と話しかけた。すると母は決まってこう答えた。

「毎日忙しいのよ」

「何をして？」

思わず聞き返しても、

「忙しくて、忙しくて」

と真面目な顔で満足そうに答えた。聞く方は吹き出しそうになるのを堪え、「あぁ、そう」で終わってしまう。

リビングにある六人掛けのテーブルのほとんどを母が占領していて、手あかのついた古い国語辞典、漢和辞典、英語の辞書、メモ用ノート類など山積みに置いてあった。新しいノートもあったが、ほとんどは孫が使い残した小学校のノートを重宝に使っていた。

短歌を詠むことが母の趣味だった。同人誌や新聞投稿の締め切り日に毎月追われているようで、私がたまに顔を出すと、「ポストに入れて来て頂戴ね」と封書や葉書を託された。ほとんどが速達だった。

五十歳頃から短歌を始めたと前述の『学童疎開船対馬丸　引率訓導たちの記録』でのインタ

ビューに答えている。
「対馬丸の歌を作る時は、その度に涙が出て、子供たちの顔が浮かんできます。対馬丸のことを思うと、すぐ浮かんで来るのが子供たちの顔です」

母はこの頃、お嫁さんにすべて頼っていたので、あまり得意でなかった家事からも離れ、一日中好きなことに没頭していたようだ。母の顔を見たくなり実家を訪れた時には、私も座り込み、暗くなる頃まで二人で長話をした。

こんな毎日では足腰が弱くなるのは仕方ないことかも知れないと思いながらも、お喋りは終わらない。帰る時は無責任にも「歩いてね。身体動かしてね」なんて言って、私は家路についた。母と過ごす時間は至福の時だった。

母が座る定位置には回転椅子が置かれ、その後ろの小さな本棚には対馬丸関連の本や短歌集があった。
「対馬丸事件」の話は、母の口から積極的に語られることはなかったが、隠しているわけでもなかった。話題に出ることもなかったので、何となく母の領域に踏み込んではいけないという気持ちになっていた。

そのせいだろうか、対馬丸と表記されている本が何冊かあったが、手に取って読もうという気は起きなかった。

森山眞弓議員に訴えたこと

『沖縄戦終結五〇周年記念・沖縄全戦没者追悼式が挙行されるに当たり、先の大戦によって犠牲となられた沖縄県民および日米両国の将兵の御霊に対し、謹んで哀悼の意を表します。紺碧の海に囲まれた緑豊かな平和の地、ここ沖縄におきまして、陸においては先の大戦中我が国唯一の地上戦が行われ、全島のほとんどが焦土と化し、海においても疎開途上の幼い学童が犠牲になるなど、多くの尊い生命が失われました。苛烈な戦火の中で、このようないたましい犠牲がはらわれたことは、我が国の歴史において決して忘れてはならない悲痛な事実であります。沖縄での戦闘が終結してから既に半世紀が過ぎた今日でもいささかも風化させるべきものではありません』

平成七（一九九五）年六月二十三日、沖縄糸満市で行われた平和の礎《いしじ》序幕式典での村山富市首相（当時）の挨拶文の一節である。

「海においても疎開途上の幼い学童が犠牲に」の一節は、対馬丸事件を指している。これは母が、村山首相の挨拶文の中に対馬丸のことも触れて欲しいと、栃木県選出の森山《もりやま》眞弓《まゆみ》参議院議員の事務所を訪ねてお願いに行き、叶えられたものであった。この時は私と弟が付き添った。

森山議員はとてもにこやかに迎えてくれた。母は真剣に対馬丸事件のことを詳しく話していた。具体的な会話の内容はよく覚えていないが、事件を風化させたくないことや、亡くなった子供たちのことを中心に話したのではないか。それが森山議員の心に届いたのではないだろうか。

上写真／1995年6月23日の慰霊祭に村山首相の言葉を聞きに行った母
下写真／同じ時期、小桜の塔の前に立つ母

森山議員に面会したのは式典当日の約一か月ほど前だったと思う。森山議員はすぐに首相官邸に問い合わせてくれたのだ。面会の数日後、森山議員から母に手紙が届いた。私は、その一部を所有しているが、それによると、古川貞《ふるかわてい》二郎《じろう》官房長官は森山議員に「ご主旨に添いたいので努力します」と言ってくれたらしい。この時点で当日の式辞は出来上がっていて、複数の係官の判も押されていたそうだが、対馬丸についての一文を加えて貰えることになった。

上写真／1995年6月の慰霊祭の日。小桜の塔にある亡くなった学童の名を記した碑の傍らに立つ母
下写真／同じ時、慰霊祭以外は外に出ようとしない母を、牧志の市場に連れ出した

ちなみに森山議員の手紙には、古川官房長官が厚生省から対馬丸の調査書を取り寄せたことや、対馬丸を引き上げる可能性についても厚生省の返答を得たことも書かれている。水深八七一メートルの海底に沈んでいる同船の引き上げは技術上困難で、遺骨収集も不可能に近いので、政府としては無理と判断せざるを得ないとのことだった。おそらく母は森山議員に、対馬丸引き上げを政府に検討してほしいと頼んだのだろう。

昭和三十二年に栃木に引っ越してから出来た母の友人から、こんな話を聞いた。昭和三十～四十年頃、ラジオで対馬丸の生存者に名乗り出てほしいという呼び掛けの放送をしていたという。それを聞いて、母に「あなたも申し出たら」と薦《すす》めたのだという。

私の遠い記憶の中に、ラジオだったか有線放送だったかから流れてきた、「対馬丸の生き残りの方は申し出て下さい」という女性アナウンサーの声がある。おそらく昭和四十年代だったと思うが、何故覚えているのかは分からない。一度だけ耳にしたことがあった。

家庭内では対馬丸について語らなかった母だったが、いつの頃か分からないが沖縄の新聞社やメディアに対しては、対馬丸の生存者であることを話していた。

ある方から、昭和五十七（一九八二）年の新聞に、母が対馬丸について語った記事のコピーをいただいた。残念ながらどの新聞かは分からないが、母は「私が体験を語らなければ、戦争の悲惨さが風化してしまう」と「初めて重い口を開いた」とある。その年、母は六十二歳だった。その頃から外部に向かって、対馬丸の体験を語り始めたのだろう。

その後も、二〇〇六年に八十六歳で講演に立ち、直接聴衆に語り掛けるまで、母が辛い体験を話すのは、新聞などのメディアに限られていた。ただ、対馬丸事件が風化することは恐れていて、何かをしなければという気持ちが、平成七年六月の慰霊祭で、村山首相の挨拶文に反映させることに結びついたのだと思う。

沖縄戦跡を歩く

コバルトブルーの海

美しい海に囲まれた琉球弧《りゅうきゅうこ》。沖縄諸島、先島《さきしま》諸島、尖閣《せんかく》諸島、大東《だいとう》諸島などの島々から構成されると世界大百科事典で習った。

沖縄県は一五〇以上の島で成り立っているという。その島の周りには多種の珊瑚《さんご》が生息し、広大な色とりどりの珊瑚礁が形成されている。コバルトブルーの海の中ではその豊かな珊瑚礁を棲《す》み処《か》とする色鮮やかな南国の魚たちが泳ぎ回っている。

まばゆいほどの白い砂浜に立って沖を見てみる。真っ青な空とエメラルドグリーンの海。ブルー系グラデーションの波がさやさやと小刻みに足元に運ばれ、砂色になって消えていく。いつまで見ても飽くことのない濁りのない透明感は、何処までも清らかで、人の心を安らかにしてくれる。

二〇一九年の夏、私は沖縄を訪れた。八月に沖縄に来たのは何年ぶりだろう。数分歩いただけで汗が吹き出してしまう。あぁ〜こんな暑さだったと懐かしく思いながらも、頭上の太陽の存在を恨めしく思ってしまう。湿度七五～八〇パーセントが普通という蒸し暑さには閉口した。
救われるのは、いつも海風が吹いていることだ。たまに強い風が吹いたりすると、瞬間最高の心地良さを感じてしまう。たったこれだけのことで沖縄が好きになるのは、人々の温かさを感じ、両親の故郷、私の心のふるさとになっているからに違いないからだ。

対馬丸記念館慰霊祭に出席

紺碧の波の色さえうらめしく海上慰霊祭の出席断りぬ
はてしなき大海原に父母を恋いつついづこへ果てしか子らは
海原に我が身ひとつの悲しさに父母を恋いつつ海に果てたり
我が声も聞こえぬものと思えども逝きたる子等の齢をかぞうる
日蝕はお盆の頃で慰霊碑に我が土地産の葡萄送りぬ

（新崎美津子）

二〇一九年は対馬丸事件から七五年という節目の年だった。対馬丸記念館はオープンして一五年。以前は母と一緒に慰霊祭に出席した。それ以来なので一七年ぶりの式典出席となった（八月二十二日)。

前述したように、厚生労働省は水深八七一メートル地点に沈んでいる対馬丸を引き上げることは不可能だと判断した。その代わりに国は、対馬丸を模した記念館を建てた。そんな経緯《いきさつ》はあるが、遺族の願いはあくまでも対馬丸を引き上げてもらいたいということである。

対馬丸記念館の裏手に小桜の塔があり、毎年八月二十二日、この前で慰霊祭が行われる。小桜の塔とは子供たちを祀《まつ》った塔で、昭和二十九年、愛知県のすずしろ子供会が戦争で亡くなった子供たちの慰霊塔を作りたいと一円募金を始めたことが発端になり、愛知県知事や同県の大きな協力によって、沖縄県に送られたものである。現在は疎開船対馬丸遭難学童遺族会が塔を管理している。

小桜の塔の前にテントを張って行われた慰霊祭。生存されている方たちや遺族合わせて、五五〇名の参加があったと発表された。小桜の塔は、犠牲者の名前が刻銘された慰霊碑があり、それに向かって半円形の真白な階段が続いている。何度も来ている小桜の塔だが、今日はその真っ白な階段が厳《おごそ》かに、清らかに目に入ってきた。

その慰霊碑に黙祷を捧げた。まだ海底に残されたままの母の妹、祥子叔母に安らかにと語り掛けた。そして、母を信じて対馬丸に乗り亡くなった母の姪や甥たちの冥福を祈った。

夜には、五年ごとに行われている追悼式が、対馬丸の船体を模した対馬丸記念館屋上で行われた。

高良遺族会会長はじめ、遺族の方たちが大勢参加した。私は初めての参加なので緊張して式に臨んだ。

会長や来賓の方たちの挨拶の後、夜十時十二分、対馬丸が撃沈されたちょうどその時刻に、ヴォーッという船の汽笛が鳴り、黙祷《もくとう》が捧げられた。この汽笛の音が響き渡った時は緊張感がみなぎった。まさに七五年前のこの時間にあの残酷な事件が起きたのだと思うと、体が強ばるのを感じた。この甲板の上では子供たちがありったけの叫び声を挙げていたのかと思うと居たたまれない気持ちになる。厳《おごそ》かに犠牲者を追悼しようという気持ちが強くなるのだ。犠牲になった人たちの気持ちに少しでも近づいて冥福を祈りたいと思った。

当時の八月二十二日夜十時は、台風の影響もあり、船はかなり揺れていたのではないか。天候は悪く辺り一面暗黒の世界だったに違いない。

海中に投げ出された人たちはどんな恐ろしい思いを味わったことか。千五百人弱が犠牲になった。その思いを胸に参加者一人ひとりが心を込めて、折り鶴を祭壇に捧げた。

この屋上の高さが一〇メートル、対馬丸のデッキの高さだという。「船の下は真っ黒い水が渦巻いていて怖くて飛び込めなかった」という母の言葉を思い出し、下を覗く気にはなれなかった。

沖縄開戦の地

式典の翌日、沖縄戦の舞台を訪ねた。まず、アメリカ軍が上陸した読谷村《よみたんそん》に向かった。

ここの海岸に広がる美しいビーチに恐ろしいことが起こったのは、昭和二十年四月一日の朝のことだった。あの水平線を黒い物体が覆い尽くしたのだ。見渡す限り、水平線の端から端までだったという。その黒い物体が一斉にこちらの方に押し寄せて来たというのだから、どれ程恐ろしい光景だっただろうか。

長く横に伸びた黒い物体は、みるみるうちに大きくなった。おびただしい数の敵の軍艦だった。アメリカ軍の艦船が一五〇〇隻、兵員総勢五四万八千人が一斉に攻めて来たのだ。アメリカ軍の上陸がとうとう始まった。この砂浜が戦車や機材、兵器などの物資を運び入れるのに適していたらしい。迎え撃つ日本軍の姿はなく、アメリカ軍は易々《やすやす》と上陸し、南北へ分散し、数日のうちに中部の飛行場などを制圧した。

米軍が上陸した読谷村ビーチ
（2019 年 8 月 26 日撮影）

その数日前の三月二十六日、アメリカ軍は那覇市の西に位置している慶良間《けらま》諸島に上陸した。沖縄戦の始まりだった。

沖縄に設置された大本営直轄の第三十二軍の任務は、沖縄を含む南西諸島を守り抜くことではなく、本土決戦に備え、敵軍を沖縄に留め置くことだったのだ。兵士や住民の犠牲よりも国体護持を重視していた。沖縄を守るということではなかったのだ。

大本営が住民に対して取った措置は、国策としての疎開だった。七月十九日、政府は沖縄県知事宛てに住民一〇万人を即刻県外に疎開させよという通達を送ったのだ。

兵士一〇万人を投入するための食糧を確保することが不可欠であったからだ。それは日本本土決戦を避けるために沖縄を防波堤にし、何とか食い止めようとする作戦だった。少しでも戦闘に役立つ人間以外、つまり足手まといになる老幼婦女子は県外疎開させるしかなかったのだ。一方、沖縄戦に少年兵として参加させられた鉄血勤皇隊の対象となった十四歳から十六歳の男子は、疎開を禁じられていた。

沖縄が玉砕した時を考え、学童疎開は次代を担う人材を育成するという目的のため重要視されていた。沖縄近海は既に非常に危険な状況だったが、急を要する指令が下されていたため、出航せざるを得なかった。親たちは、安全な軍艦で子供たちが運ばれることを望んだが、敗戦濃厚となっていた政府には準備する力は残っていなかった。戦艦の損失が大きく確保出来なかったのだ。出航当日は親たちにとって、心配ばかりが残る那覇港での見送りとなった。

そして対馬丸の悲劇が起こった。

日本商船の暗号を読み解き、対馬丸の動向を追っていたアメリカ軍の潜水艦ボーフィン号は、計画通り悪石島付近で対馬丸を待ち伏せしていた。知らぬは乗客、乗務員ばかり。ましてや、見知らぬ本土に希望や夢を膨らませて修学旅行にでも行くようにはしゃぎ回っている子供たちには知る由《よし》もなかった。

八月二十二日夜十時十二分頃、トカラ列島沖で対馬丸は米潜水艦ボーフィン号に撃沈された。対馬丸は十一分で沈んでしまったが、寝込みを襲われた多くの子供たちが船内に残された。親の名さえ呼ぶことも出来ずに亡くなった子供たちは、未だに海底に眠っている。

嘉数高台公園とシュガーローフの丘

宜野湾《ぎのわん》市にある米軍普天間《ふてんま》基地が一望出来る嘉数《かかず》高台公園に、従妹の玲子《れいこ》が連れて来てくれた。この公園は標高九〇メートルのなだらかな丘で、中央に向かって歩き、急階段の先に球体の見晴らし台がある。ここからは三六〇度絶好の眺望である。

普天間基地も一望出来た。宜野湾市の真ん中に位置していることがよく分かる。オスプレイが地面に張り付くように配備されていた。この展望は決して気持ちのいいものではない。オスプレイは初めて見たが、その姿はまるで巨大な蜘蛛《くも》が地面に張り付いているように見えた。公園内には戦争中の激しい戦闘の跡が多く残されていた。砲弾の跡も多く残っている。沖縄戦初めての大激戦地だったところだ。

シュガーローフの丘を訪れた。那覇市の中心部の新都心にあるシュガーローフの丘は、首里《しゅり》防衛のための要衝《ようしょう》であり、激しい戦いが一九四五年五月に一週間続いたところだった。

丘のある新都心は、一九八七年、米軍の住宅地が返還された跡地に再開発で出来た。大型ショッピングセンターや高層ビル住宅、運動公園も造成され、発展した地域である。そうした建物に囲まれたシュガーローフの丘には、当時の弾痕が残っていた。

沖縄の歴史を知れば知るほど、もう二度と、沖縄の美しい海と花の咲き乱れる島を戦争で汚してはいけないと強く、強く思う。

母が救われた日

阪神淡路大震災被災者と母の姿が重なった

二〇一九年のこと、朝のテレビ番組で「ＰＴＧ（心的外傷後成長）」という言葉を知った。番組のテーマは「病気や事故、災害、死別……辛い体験をした時、どう乗り越える？」というものだった。

初めは何気なく見ていた番組だったが、阪神淡路大震災で被害に遭った人たちが涙ながらに語る言葉に、段々引き込まれていった。突然家族を失った人たちの深い傷は、未だに生々しく心の中に刺さっていることを知り、改めて、大災害が及ぼす影響の大きさに驚き、関係ないと忘れていたことに恥ずかしくなった。

阪神淡路大震災が起きたのは平成七（一九九五）年一月十七日。神戸港沖明石海峡を震源地としてマグニチュード7という大地震が発生し、一瞬のうちに多くの家や建物が破壊された。道路はめくり上がり、高速道路の橋桁は横倒しになり、見るも無残な姿が再びテレビ画面に映し出された。番組を見ながら私の脳裏に、二四年前のあの時の衝撃が蘇った。

自分の家や慣れ親しんだ街並みが、めちゃめちゃに壊れたのを目の当たりにした人々。肉親の死さえも目の前で認めざるを得ない残酷さに晒された人。何も出来ず呆然と立ち尽くす人の後ろ姿。テレビ画面であっても心騒がずにはいられなかった。突然降りかかってきた災害で見たものすべて、感じたものすべて、これらの体験がトラウマとなって後々の人生に暗い影を落としてしまうというものだった。

姉と一緒に被災したある女性は、自分しか助からなかったことで悩み続けた。全く加害者ではないのに、そこにいただけなのに、自分だけが生き延びたことに強い罪悪感が心の底に刻まれたという。当時の強烈な辛い思いが突然現れるというフラッシュバックにも苦しんだそうだ。

この女性は、精神科医から治療を受け、心の整理が出来るようになったという。その治療法というのは、辛い震災の記憶を繰り返し話すことだという。聞いてもらうことで徐々に自身の心の中を静観し、考えられるようになり、彼女は、自分が生きたことが悪いのではなく姉を守れなかったことを悔やんでいたことに気が付いた。そして、「あの時は自分でもよく頑張った」と客観的に自分を見ることが出来るようになった。

いつの間にか私の頭の中では、この女性と母の姿が交錯していた。もし、母がこの特集を見ていたのなら、母はきっと、姉を災害で亡くし、自分を責めている女性の気持ちを理解出来るのではないだろうか。そして、その女性が医師にじっくり話を聴いて貰った後、心が安らぎ晴れやかな顔をしているのを見て、ほっとしたと思う。

ＰＴＳＤとＰＴＧ

ＰＴＳＤ（心的外傷後ストレス障害）は、災害だけでなく、戦争、病気や事故など、死を覚悟しなければいけないような体験をしたあとの憂鬱、恐怖、悪夢など酷い後遺症を負った場合の概念だと知った。人それぞれトラウマの内容は違っていても、生きなくては、と悩みもがく時、心に前向きな変化が起きるのだという。このトラウマ経験後に起きる心の成長を「ＰＴＧ」（心的外傷後成長）といい、アメリカの臨床心理学者が発表した比較的新しい概念だそうだ。

「ＰＴＧ」の定義の一つに、「あくまでも不可抗力やどうしようもないミスによって、決して自分では望んでない苦難に遭遇してしまい、その中でもがき苦しみ、悩み抜いて成長していく人たちの言葉だ」とある。（参考／宅香菜子著『悲しみから人が成長するとき――ＰＴＧ』）。

この「ＰＴＧ」の定義を理解すれば母の気持ちをもっと辿れるような気がした。

学童疎開船「対馬丸」撃沈事件で、母が引率した学童の多くは亡くなった。生き残った母は、責任の重さから逃れられず、沖縄に帰ることが出来なかった。

　母は一緒に乗船した妹の手を引いていた。船が沈んで離ればなれになり、文字通りの荒海を命がけで漂流している時も、妹はどこかに助けられていると堅く信じていたそうだ。鹿児島県山川港の旅館に収容されて、助けられたのは自分だけと知った時の母の落胆ぶりは、言葉を失い、床にたたきつけられたような衝撃であったに違いない。動けないほどの傷を負った母は、あの時すぐに港に行っていれば、妹の消息が分かったかも知れない、どうにもならない自分の身体がもどかしかったと述懐している。

　この後悔はずっと尾を引いていたと想像出来る。九歳下の妹を助けることが出来なかったことは、大きなトラウマになったことだろう。公にも嘆き悲しむことは憚られ、教え子を亡くしたことを先行しなければならなかったのだから。テレビ放送の中で語っていた、姉を守れず自分だけが生きたという女性の話がずしんと心に響いた。

新しいことに次々挑戦していた母

「対馬丸事件」で受けた心の傷がトラウマとなって、母を苦しめたことは、短歌や書きとめてあったノートを読んで分かっているが、普通の生活の中で、母に心的外傷後ストレス障害（ＰＴＳＤ）はあったのだろうか。例えば、憂鬱、恐怖のフラッシュバック、悪夢などの症状だ。

　幼い頃からの記憶を辿ってみた。母親中心に生活していた頃の我が家の様子が走馬灯のように頭を巡った。明るい性格の母だったので、心的外傷後成長（ＰＴＧ）の状態になった母の様子が見つかるはずだと思いつつ、私が十代の頃を回想してみた。

　映画を見るように母の姿が蘇ってきた。高校生だった私は、いつも学校から帰って来ると母の傍に行って、その日の出来事を話すのが日課だった。母はにこにこしながら聞いてくれた。それから妹と二人で使っている部屋に入るのだが、妹はいつも勉強していたので、騒がしいと言って睨みつけられた。台所では母が夕食の支度を始めた。

「今日の夕ご飯は何？」

　と聞くと、大抵、

「試食よ」

　と答えるのだった。

「ええーっ、また？」

　母はテレビや新聞などを観て、新料理に挑戦するのが好きだったが、材料が揃わなくても始めるので、仕上げの味付けが分からなくなるらしい。それで、最後の味付けは私に任されるのだった。後片付けもほとんど私で、文句言い言いやっていた。四歳違いの妹はよく勉強するからと免除されていたが、このことで気にしたことはなかった。

あの頃のそんな日々の生活が、手元にある材料でおいしいものを作る訓練になり、今の忙しい私の生活に役立っている気がする。

子育て中の母は、書道に華道、それに車の免許取得と生き甲斐を見つけた。昭和三十二～三年頃だったと思うが、映写機の講習を受けるとすぐに購入し実践していた。新しいものに興味を持ち、それを実行する勇気と積極性には子供の目から見ても感心したものだった。

お花を生けるためにと庭に松の木の一種、大王松《だいおうしょう》を植えた。家庭菜園にも茄子、きゅうり、ネギなど作った。そして、父が大好きなゴーヤーも植えていた。時々、嬉しそうにゴーヤー棚を眺めている父の姿がそこにあった。

対馬丸事件から約二〇年が経ったその時期は、対馬丸のことに思い悩むことはなかったのではないか。母の情緒は安定しているように感じた。これがPTG……？

しかし、これは他人が判断することではなく、本人が安らかに暮らせているのなら、PTGになっているのかも知れない、という言い方で心理学者は判断するそうだ。

赤ん坊をお風呂に入れようとしなかった母

想えば、母が対馬丸の記憶に苛《さいな》まれている痕跡は、いくつかあった。

この頃の家族の集合写真は、母が後ろの方に立って、顔が半分隠れるように写っている。当時の私には母の過去など知る由もなく、疑問に思うこともなかった。お正月など家族や親戚が集まると、集合写真を撮ることも多かったが、その度に母は、後ろの方に隠れるように立つので、何も知らない私は「もっと前の方に行ったら」と促したのだが。

母が遺した言葉の一つに「あの地平線の下で誰にも知られないように暮らしたい」がある。生きていることを学童の親に知られたくないという意識が自然に出て、写真撮影の時にそういう行動を取らせるのかも知れない。

こんなこともあった。私の子供が生まれた時、母を頼って実家で過ごしたが、毎日通って来てくれた産婆さんに赤ん坊をお風呂に入れて貰っていた。産婆さんを呼んだのは母だった。母は決して自分でやろうとはしなかった。その時母は六十五歳だったので、年を取ったため産婆さんに来てもらっているのだろうとしか、私は思わなかった。

その理由に気が付いたのは、母が亡くなってからだった。

対馬丸が沈み始めた時、横波にさらわれ、海に落とされたあの時の恐怖が脳裏から離れず、小さなたらいに満たしたお湯でさえ、あの時のどす黒い海に思えたのかも知れない。

戦争が個人の心に負わせる苦しみ

近くの小学校の教職員の方々に、「対馬丸事件」のことを話す機会に恵まれた。母と同じ小学校の教師という立場で聴いて貰った。

戦時中の沖縄の様子から対馬丸事件が起きた経緯。国の命令とはいえ、危険と分かっていながら疎開を進めなければならなかったこと。家庭訪問をしてまでも説得し、子供たちを対馬丸に乗せなければならなかったこと。不安が的中し、米潜水艦に撃沈され、対馬丸が沈んだ時の様子。船倉に閉じ込められたまま沈んだ学童たちのこと。生き残った人たちの話や書き残された手記をもとに話していった。子供を亡くした親たちの怒りの矛先は学校側に向けられたこと。特に家庭訪問をした教師には鋭い責任感を求められたことなどを交えて話した。

多くの先生方が流して下さった涙を見た時、母の立場を理解して貰えたと感じ、私の方が感激してしまった。一番安堵したのは天国にいる母だったに違いない。私の中の母が救われた瞬間だった。先生方や聞きに来て下さった方たちから、預かっている命の重さ、平和の大切さをどう子供たちへ伝えて行ったらいいかなどの感想を頂いた。母へ贈る言葉となったことを大事にしたいと思う。

国と国の戦争で起こったことなのに、個人が全面的に責任を感じて苦しむのは理不尽にさえ思える。しかし、子供を亡くした親の立場からいうと、説得して、連れて行ったのは誰だということになる。対馬丸事件の本質を考えると当然な怒りが両極から出て来る。

その狭間にいた母はＰＴＳＤに苦しんでいたかも知れない。時には、トラウマ後の成長と言われるＰＴＧの域で安泰の時期も多かっただろう。

「もがき苦しみながら、行きつ戻りつして、揺れ動きながらＰＴＳＤとＰＴＧが併存するような形で進んで行くことも多い」と前出の心理学者、宅香菜子氏は書いている（前掲書）。

以下の短歌のような、日常の何気ない風景も母の心を癒してくれた材料になっただろう。

我が植えし大王松は二階を超え緑風送る大木となる
いづこより集いて来しや水の入る田に蛙らの万の合唱
野球など興味なけれどこの老いもサンづけをせずイチローと呼ぶ
菜園に残りの葱をとり来れば夫との夕餉それで事足る
選挙戦るす番めあての電話来て「わかりました」とていねいに言う
選挙戦夕暮れまでも叫び居るせめて窓あけカーテンあける
病み上がりの我《あ》を監《み》る嫁は時折は心を鬼に注意しくるる
明けやらぬ茜のどんちょう押し上げて団地の夜明けいらかかかげろう　（千葉県君津）

戦争・荒井退造の苦悩・そして対馬丸事件

戦争を語り継ぐ言葉の重さ

平成二十七（二〇一五）年は、「戦後七〇年」の節目の年で、メディアはこぞって戦争の悲惨さを報道した。テレビ局は「語り継ぐ戦争」として特集番組を組んだ。各新聞も戦争体験者を通し、平和の大切さ、尊さを訴えた。

体験者の言葉一つひとつがとても大きな重みをもっていて、母の対馬丸事件を理解するために、戦争のことを日々勉強している私の心に、深く突き刺さって来る。また、のんきに過ごしてきた戦後生まれの私に、今の平和の大切さを気付かせてくれる材料にもなっている。

過去に私が愛した家族たちは、戦争の体験や、またその渦中で過ごしてきた人たちだから、彼らの経験を自分のものとして心に刻まなければならない。どうしたら今の平和が維持出来るのかと考えた時、戦争体験者の話がとても重要だと気付かされるのだ。

人は本当に辛いことは話したくないものだと思う。戦地で病気や飢餓に苦しめられ、死を目前にしてやっと帰国出来た人たちにとっては思い出したくもないのだ。時間が過ぎて、戦争の苦しみから少し解き放たれた時、話される言葉は貴重なものになるに違いない。

改めて、栃木の下野《しもつけ》新聞社が書籍として発行した「語りつぐ戦争　とちぎ戦後70年」（二〇一六年発行）に目を通してみた。

今まで新聞紙上で語られてきた戦争体験者の話が生々しくまとめられ、大きな人物の写真からは、人の息吹さえも感じられるように伝わってきた。それぞれの人々の見出しの言葉がまず心に食い込んで来る。読み進めていくと、その人たちが経験してきた苛酷な戦地での経験や思っていたこと、考えていたことが、読む者の胸に響く。今の平和がいかに大切か、戦争は絶対してはいけないということが伝わってくるのである。

自分を苦しめることになるから、戦場での酷な経験は誰も語りたがらない。しかし、今まで頑なに口を閉ざしていた人たちも、晩年になって、辛く思い出したくない戦争中のことを少しずつ話してくれるようになった。そういう人たちの証言は、貴重な平和への道標《みちしるべ》となるはずである。その辛さを乗り越え、心から絞り出された言葉は伝え続けていかなければならない。いつかは途絶えてしまう生きた証言だから、大切に受け継がなければならない。この本からはそれが伝わってくる。

圧巻だと感じた。

人々の心を揺さぶる戦争悲話も掘り起こされた。その生の声の一言ひとことに、平和を願う切実な思いが込められているのだから、この声を絶やしてはいけない。


「戦争は無意味、何の得もない」

「いかにして多くの人を殺すか。それが戦争だ」

「みんな、人間じゃなくなっていった」

「戦争は地獄だ」

「若者を無駄死にさせる戦争ほど惨めなものはない」

「現地は悲惨すぎて話せない」


母は、学童疎開船「対馬丸」の引率教員だったが、対馬丸の沈没で生き残り、預かった子供たちを親御さんに返せなかったと、自責の念に苦しんだ。母の場合、心の束縛が解かれ、話せるようになるまで六〇年以上掛かった。

初めての講演会で、漂流中何の手も差し伸べてやれず、目の前で死んでいった教え子たちを想いながら話したことは、母にとって、さぞ辛かったことだろう。

この講演会のあとの母の感想である。

「話すと余計に苦しくなると思っていたけれど、心が少し軽くなった」

最初は勇気を振り絞って話し始めたのだろう。しかし、「心が軽くなる」という想いが、また話しても良いと思う原動力になっていると感じた。

母の生々しい話を聞いて頂けることは、そのまま率直に母の体験を知り、その苦悩を少しでも分かってもらえるような気がした。自らの体験を話し、聴いてもらうことの大切さを、母の話を聞いて感じた。戦争の悲惨さを感じてもらえる機会になったと思う。

荒井退造に出会う

二〇一五年六月半ば、NPO法人「菜の花街道」の方たちが訪ねて来てくれた時のことだ。地元新聞社の記者も同行していた。私は対馬丸事件の話だと思っていたので有り難くお会いしたのだが、一介の主婦にどうしてと思うほど、とても鄭重《ていちょう》な挨拶をして頂いたのだ。非常に恐縮した。

ひとしきり対馬丸事件の話を交わした後、郷土研究家で元高校の校長先生だったという室井《むろい》光《ひかる》さんが質問してきた。

「荒井《あらい》退造《たいぞう》を知っていますか」

私は何のためらいもなく「いいえ、知りません」とあっさり答えてしまった。初めて聞いた名前だった。知らないことが申し訳なく思えるほど、室井さんは丁寧に聞いて下さったのだ。

栃木県出身の「荒井退造」は、疎開事業で沖縄県民二〇万人を救った人だと言われていると聞いて驚愕した。自分の命を顧みず行動した人で、そして、宇都宮市清原《きよはら》出身だというのだ。

「ええっ――、清原……?」

本当に驚いた。

初めて聞いた荒井退造という人。室井さんはこの荒井退造について詳しく話してくれた。話が進むにつれ、私の心の中はまるで嵐が吹き荒れているように揺れていった。

母が亡くなって四年が過ぎた頃で、私は対馬丸事件のことや戦争について勉強していた。対馬丸事件に関する書籍や新聞記事などの資料や、母が書き残した文書類などに目を通すことが日課だった。対馬丸事件についての講演や小学校高学年向けの講話の依頼もあったので、勉強は欠かせなかった。ただし、その頃の私には、対馬丸事件で自責の念に苦しんできた母のことしか頭になかった。

そんな時に荒井退造の話を聞いたのだから、すんなり受け入れることなど出来なかった。本当に寝耳に水だった。室井さんの話を聞いているうち、私の中に怒りが湧いてきた。疎開を強力に進めたのが荒井退造だというのだ。母が苦しんだ発端はここにあったのだと思った。

「なぜこの話を私の処に持ってきたのよ」と、私は心の中で叫んでいた。

しかし、室井さんの説明はあくまでも冷静で、そして、丁寧だった。最後に「この本を読んでみて下さい」と一冊の本を渡された。私の怒りはまだ収まってはいなかったが、一応冷静になり、お礼を言って受け取った。

しかし、あの怒りの感情の中でも、室井さんと会長の荒井俊典《としのり》さんの話は深く印象に残った。渡された本を読んでみようという興味が湧いてきた。それは文庫版で五〇〇ページ以上もある『沖縄の島守』（田村洋三《たむらようぞう》著）という分厚い本だった。早速、ページを開いて読み始めたが、最初は知らないことばかりで興味が湧かなかった。目次を見ながら、関心を引く箇所を飛び飛びに読んでいくうちに、全体像が見えてきた。

荒井退造（1900～1945）。栃木県出身。巡査をしながら明治大学夜間学部を卒業、高等試験に合格して警察官僚の道へ。沖縄戦において最期まで県民救済に尽力し、摩文仁の丘で消息を絶った（栃木県民博物館所蔵）

「疎開」と言えば、母が苦痛を味わった「対馬丸事件」が必然的に直結してくる。差し迫る戦火から沖縄県民を一人でも多く救おうと進められた疎開事業。その中心にいたのが荒井退造だった。かたや、その疎開で多くの教え子たちを失い、生涯苦しんだ母がいる。この矛盾は両立するのか。どう考えたらいいのか、整理出来なかった。

対馬丸のことや沖縄の歴史や戦跡を調べ

るために、いろいろな本や資料を数多く読んで来たつもりだった。でも、荒井退造を知るまでには至らなかった。今まで対馬丸事件の悲劇ばかりを主張した所為《せい》もあるかも知れない。執筆もしてきたのに頭に入らなかったのだろうか。その裏にはこんなに大きく、奥深いことがあったなんて……。何と無知なことだったろうか。

田村洋三氏の『沖縄の島守』を読んで多くのことが分かった。沖縄出身の両親のもとに生まれた自分なのに、沖縄の大勢の人たちの命を救った人だというのに、そんなことも知らずに対馬丸のこと、沖縄戦のことを書いて来た……。井の中の蛙《かわず》というのは自分のことを言うのだと、忸怩《じくじ》たる思いで、穴があったら入りたい心境に駆られた。

後で分かったことだが、荒井退造という人は、地元栃木県では全く埋もれた存在だった。一方、沖縄では、警察のトップ官僚としての荒井退造を称えた慰霊碑が、沖縄県糸満《いとまん》市摩文仁《まぶに》の平和祈念公園の中に建てられている。

二〇一五年になって、栃木県でも荒井退造の偉業を称え、顕彰していこうと実行委員会が動き出した。その一端として、NPO法人「菜の花街道」の荒井会長が、対馬丸事件に関係している私を探し出してくれたのだった。それからは機会あるごとに、いろいろな集まりに誘われ参加するようになった。

同年九月に開かれた『沖縄の島守』の著者田村洋三さんの講演会では、真っ先にサインをもらうため駆けつけた。田村さんと話もさせて頂いた。その時の私は、『沖縄の島守』を読むことで、荒井退造への理解が少し進んでいた。その荒井退造を、綿密な調査と隙間のない取材で執筆された田村先生の深い考察に、私は尊敬の念を抱くようになっていた。

また、作新大学で開かれた荒井退造に関する特別セミナーなどで、学長の太田《おおた》周《いたる》先生や高校、中学校の校長先生方と話す機会があった。私は、初めて荒井退造を知った経緯を先生方に話してみた。恥を忍んでのことだったが、先生方も今年知ったばかりだとか、同じ思いだとか話されたのには本当に驚きだった。こんな凄い人が今まで埋もれていたことが不思議だと、意見が一致した。

2016年5月11日、大阪梅田新阪急ホテルにて『沖縄の島守』の著者・田村洋三氏（1931～2021）と

私は、二十代後半、仕事で宇都宮市に移ることになった。しばらくして結婚したのだが、何と、住んだところが荒井退造の生家がある宇都宮市清原だったのだ。

思えばこの頃、実家の母は対馬丸事件のことで、一人悩み重い心を引きずって生活していたのだが、仕事に夢中になっていた私は、そのことに気付かなかった。母の気持ちの一片も分からなかった。

今、こうして考えてみると、私は、荒井退造に段々引き寄せられ、知るべくして知った運命だったのかも知れない。荒井退造が生まれた栃木県。そして、この栃木県に住むと決めたのは、母親であったし、私の結婚の道筋をつけてくれたのも母だったのだ。

荒井退造は、少なくとも沖縄に住んでいる私の親戚にとっては、感謝すべき人なのだ。疎開が強行に進められたお蔭で、ほとんどの親戚が戦火を逃れ、無事に終戦を迎えられたのだから。それには、親戚に警察の警部がいたことが大きく関係することを、やがて私は知った。

荒井退造の部下だった長嶺義孝の殉職

『沖縄の島守』を読み進めるうち、私は次第に興奮状態になった。父方の親戚に、沖縄県警察部に属する警察官がいたことを思い出したのだ。

沖縄県警察部の警部だった長嶺義孝《ながみねぎこう》は、大阪に住む勝子叔母の義父にあたる人だった。以前、叔母から戦争中の話を聞いていた時に、その名が出てきて、とても厳格な警察官だったと教えられた。私は勝子叔母に電話して、長嶺義孝のことを聞きたくなった。

「ねえ、勝子叔母ちゃん、荒井退造って知っているでしょう」

叔母には何度も取材のため電話しているせいか、つい傍《かたわら》にいるように話しかけてしまう。はやる気持ちを抑えながら、挨拶もそこそこに、唐突な質問をしてしまった。

「あぁ、お義父さんの上司だったよ」

と九十代半ばになる叔母は、即座に答えてくれた。荒井退造の名を初めて出したのに、記憶力確かな叔母はすぐ思い出したのだ。ただ、荒井退造が栃木県出身とまでは知らなかったという。

「以前私が住んでいたところと荒井退造の生家とは数キロしか離れていないのよ」

と伝えると、

「何かの縁だねぇ」

とびっくりしていた。

勝子叔母の立て板に水の饒舌さは健在だった。いつものように私はノートに鉛筆を走らせた。

長嶺義孝警部は、ヤミ行為を摘発し、戦時経済体制の配給制度を安定させることを目的としていた経済保安課に所属していた。勝子叔母は長嶺家に嫁いでからは、義父・義孝の信頼を一身に受けていた。戦時中は沖縄で警部として任務に就いていた義孝と、疎開先の家族とのパイプ役を務めた。

対馬丸が撃沈されたことをいち早く知らせてくれたのも、長嶺警部だった。そして、長嶺警部は、沖縄最南端の地、糸満市の喜屋《きやん》武岬で住民を誘導中戦死した。その様子は「ニューポリス」という沖縄県警の機関紙（後に「海邦」と改題）に、戦時中、那覇警察副署長だった山川泰邦が寄稿した「いつ何處で最後を遂げたか」という記事（『ニューポリス』一九五〇年五月十日発行）に書かれてあった。長嶺警部の長男義一氏（故人）が保管していたもので、読みにくいところには注釈も付けていた。

この記述によると、沖縄戦時、那覇市繁多川《はんたがわ》に築かれた警察部壕内で警察業務を行っていた荒井警察部長は、日本軍が首里の司令部を放棄して南部に撤退するのに伴い、島尻《しまじり》の南端に下がることになり、警察部員を各署に分散することになった。長嶺警部は那覇署に配置された。

那覇署は、日本軍の「武」部隊が米軍の上陸に備えて築いた中部地区の大規模な壕内に設置されていた、壕の広さに喜んでいたが、五月末頃に日本軍の衛生兵と負傷兵が続々と押しかけて来て壕からの退去を要求された。しかし、他の壕もいっぱいだった。具志堅署長は、「壕がなければ造らなければなるまい」と、長嶺警部を隊長に八名の壕設営部隊を派遣した。

三日三晩の壕探しと壕造りに疲れ切っていたが、一日も早く壕を探さなければ七〇余名の署員を弾雨にさらすことになる。その間も、住民が営々として掘ったかけがえのない辛苦の壕にさえも日本軍がやって来た。兵隊に銃で脅され、老人子供を引き連れ、歯を食いしばりながら壕を出て行った住民を大勢見たという。「えい、スパイども戦争の邪魔だ。ぐずぐずするとぶった切るぞ」という、兵隊たちの悪魔の声が、今も生々しく筆者の耳に聞こえると山川は書いている。

やがて米軍機の猛烈な機銃掃射を浴びせられて長嶺警部一行はバラバラになり、警部ほか三名は喜屋武岬南端の蘇鉄《そてつ》林に潜んだ。六月九日午前九時頃、どう戦線を突破するかを話し合っていた時、上空からは機銃掃射、海上のアメリカ艦艇からは榴散《りゅうさん》弾の乱射を浴びて、進退窮まった。

午前十一時頃、再びもの凄い榴散弾に襲われた。長嶺警部の姿が見えないので、三人の巡査たちはひとしきり「長嶺警部殿！」と呼びながら探し回ったが、返答はなかった。三人のうち二人は、名前を呼び続けながら、岸壁になっている海岸に飛び降りた。ここまでの消息は、生き延びた一人から聞いたが、二人の巡査と長嶺警部の行方はようとして分からないという。

長嶺警部は、二十数年警察の荒波にもまれ、大半を特高畑で活躍し、警察事務だけでなく政界、思想界、財界のあらゆる社会事情に明るい人だったらしい。一方、子煩悩で家族思いであった。よく子供たちのことを話していたという。「誰か生き残ることが出来たら自分の最期を家族に話してくれるように」としみじみ語り、家族の写真に黙とうを捧げ、警察手帳と共に処分したという。家族に二度と会うことはなかった。

喜屋武岬は沖縄戦激戦地で、現在は「平和の塔」が建設され、国定公園に指定されている。

荒井警察部長の沖縄着任

荒井退造が沖縄県警察部長として着任したのは昭和十八（一九四三）年七月一日、四十二歳の時だった。

ガダルカナル島の敗退、アッツ島の玉砕など戦況の悪化が伝えられると、荒井部長は、国土防衛に全力を尽くすと強固な覚悟を見せた。着任してちょうど一年が過ぎた。

サイパンが陥落したのは、昭和十九年七月七日のことだった。同日、沖縄の疎開事業が政府で閣議決定された。「沖縄県の三島から本土へ八万人、台湾へ二万人、計一〇万人を七月中に引き揚げさせせよ」との緊急指令が出されたのも同日深夜のことだ。

この指令を受け、荒井は、沖縄県民七万三千人を九州や台湾など県外へ疎開させ、沖縄戦が始まってからは、新任の島田《しまだ》叡《あきら》知事と協力して住民を県北部の山原《やんばる》の安全な場所に疎開させた。サイパンが住民を巻き込んだ玉砕の事態になったことで二の舞を恐れての暫定措置だった。

しかし、一番重要な理由は食糧問題であった。沖縄の消費米の三分の二は台湾や他県からの移入に頼っていた。沖縄で戦闘が始まり、海上輸送が途絶えてしまうと、県民の食糧補給が困難になるという事情は目に見えていた。さらに兵士の進駐が始まると食糧の調節は軍を優先させせなければならないため、口減らしの意味合いもあった。

一般住民には戦場の真実は伝わらず、徹底した軍国主義が浸透しているため、水際作戦が成功し、戦争は必ず勝利すると信じられていた。那覇市内は将兵であふれていた。迫りつつある戦火を感じながらも、市民にとって戦争はまだ身近なものではなかった。お店などはそのままで、風景は平和そのものだったと、叔母たちは口をそろえて話している。

そのため、危険な海を渡らなければならない疎開の話に耳を傾ける人は少なかった。疎開が発表される直前、「富山丸」が沈められ、三七〇〇名が犠牲になったことは極秘にされていたが、沖縄近海で商業船が何隻も米潜水艦によって沈められていることは、公然の秘密だった。

荒井部長は、警察官や県庁職員の家族を率先して疎開させることで、何とか突破口を開こうとした。戦闘が始まってからも、後々の心配をすることなく任務を遂行出来るように、警察官の家族を安全なところに疎開させることも作戦の一つだった。八月五日の疎開船に乗ったのは警察関係、県庁職員の家族が中心だった。

勝子叔母の義父である長嶺義孝警部は、親戚を中心に疎開を勧めて行った。沖縄泊在住のヨネ子叔母も、「怒られながら、早く、早くと叱り飛ばされながら、急いで疎開したよ。そのお陰でみんな無事だったのよ」と言っていた。疎開せず残った叔母の同級生たちは十・十空襲でほとんどいないという。それから疎開に対して目を向ける人たちが段々増えてきたそうだ。そして五回ほどの疎開船が出た。

八月二十一日の疎開船が「対馬丸」だった。この船は、物資を運ぶ輸送船だった。民間から徴用された商業船とはいえ、野砲一門、高射砲二門、爆雷五発を兵装備した特務艦として艦籍に登録されていた。また、船舶砲兵隊として四一名が乗船していた。日本の商業船の暗号を読み解いていたため、何日も前からアメリカ軍は対馬丸の存在を知り、追っていたのだという。学童が乗っているのを知っていて沈没させたのなら戦争犯罪になるというが、米軍は知っていた、いや知らなかったとはっきりしない。

対馬丸事件後も継続された疎開事業

対馬丸事件が起きて、荒井警察部長は相当に悩み、疎開を止めるか続けるか、かなり判断に苦慮したという。しかし、部下たちの強い進言もあり、疎開事業は続行された。これで何万人もの命が救われることになるのだ。

この頃の県庁は知事や内政部長（副知事格）が不在気味だった。沖縄が地上戦に巻き込まれることを恐れた知事と内政部長は、それぞれの任務を放棄し那覇を離れてしまったのだ。しぶしぶ戻された知事は、荒井部長たちが躍起となって疎開勧奨しているところへ、逆行するような発言をしたため、盛り上がっていた機運は落ち込んでしまった。さらに内政部長は、放送網を使って敵は上陸しないなどと発言したため、輪にかけて疎開熱を冷やしてしまった。

知事の意に反して荒井部長が、独断で疎開を推進していると非難され、沖縄県議会に呼び出されたこともあったが、後に、知事たちが沖縄から逃げ出したいがための工作だったと判明した。一〇万人を七月末までに疎開させよという政府からの通達文の存在さえ、知事は記憶が確かでないとしらを切るばかりだった。

昭和十九年十月十日朝六時四十五分、米軍機による大空襲が那覇の街を襲った。十・十空襲である。この日一日だけで米軍の出撃機数は、延べ一三六九機に達したという。日本の航空部隊は多くが地上撃破された。那覇港停泊中の艦船も攻撃目標になり、小型戦闘艇まで撃沈された。

荒井部長は、大地の形状が変わるほど凄まじい砲弾が雨のように降り注ぐ「鉄の暴風」の中を、車に乗り、命がけで警防団などの視察を行った。途中、機銃掃射を受けたが振り切った。この心意気に刺激され警備隊や警防団は消火作業に努めたが、猛火の前にはどうすることも出来なかった。それから、住民の全面退避が開始された。この時、当の知事は防空壕から出てこなかったらしい。この知事は後に更迭されることになる。

以後、新知事が着任するまでの四か月間、疎開事業の実質的な責任は、警察部長の荒井が担っていた。沖縄駐留の第三十二軍も荒井部長だけを頼りにするようになった。防空体制の強化、食糧の増産、軍需供出と労務、輸送力の確保など、すべてが荒井部長の双肩にかかっていた。荒井警察部長の孤軍奮闘が続いたが、一月、島田叡知事を迎えることになった。

島田叡知事は、第三十二軍司令官の牛島満《うしじまみつる》中将から、沖縄県知事候補として打診された時、男として断ることは出来ないと友人に言ったという。「私が断れば誰かが行かなければならない。これは妻子に相談することではない。自分が決めることだ」と強い意志を示した。

島田は、東京帝大法学部政治科を卒業後、内務省に入り、警察部を歩いた。地方警視の頃、愛される警官にとか、市民の幸福のためになどの発言で、本省の反感を買ったこともあったらしい。そんな気骨溢《あふ》れる島田は、思いやりのある現実的な沖縄県知事として、昭和二十年一月三十一日付けで、戦争状態間近に迫る沖縄に敢然として着任したのだった。

島田知事は軍部との摩擦にも遭いながら、荒井警察部長と共に、命がけで疎開や食糧確保など県民保護に奔走した。が、戦局の最終段階に入ったことを認識すると、島田知事は昭和二十年六月九日、最後の県庁となった轟《とどろき》の壕《ごう》で県庁、警察部の解散を命じた。

そして、六月二十五、六日ごろ、摩文仁《まぶに》の軍医部壕を出た二人の文官は、海に向かった姿を目撃されたのを最後に行方不明となった。


二〇一四年六月下旬、天皇、皇后両陛下が沖縄県を訪問され、終戦一年前に撃沈された学童疎開船対馬丸の慰霊碑「小桜の塔」に初めて供花された。天皇陛下は犠牲者の多くがご自分と同年代であり、かねてより深い関心を寄せられ、慰霊を希望されていた。その後、対馬丸記念会館で遺族の方たちとお会いになった。

その模様は、テレビで大々的に報道された。このことが、「戦後七〇年」の大きなうねりとなり、戦争のない平和日本の意識を高める力強い後押しになったのは間違いないと思う。

その情景を母に見せてやりたかった。どんなにか安らいだ気持ちになっただろう。

私が十代の頃、沖縄を訪れた時は、父の弟、興伸《こうしん》叔父が毎回戦跡巡りに連れて行ってくれた。あの頃の私にはその意味もよく分からず、目に映った情景のみが頭に残っている。ただ、一か所だけ平らな広場の先は断崖絶壁だったところを覚えているが、そこが沖縄戦最後の地となった摩文仁の丘だったのかは分からない。

その頃の沖縄に対する私の認識は、戦争があったという知識も持っていなかった。親戚の人たちが穏やかで幸せに生活していることがすべてで、何の疑問も心配も感じなかった。親戚がたくさんいて、お年寄りも多かった。疎開のお蔭かも知れないと、今だから考えられることである。

住民の四人に一人が犠牲になったと言われる沖縄戦。戦争に関する報道があると、対馬丸事件や沖縄戦ばかりに目が向いていたと思う。しかし、栃木県出身の荒井退造の存在を知ることで、栃木にも沖縄戦の傷跡があったことを知った。

現在も続く沖縄の諸事情。戦争と平和について、もっと広い目でみて深く考えなければいけないと示唆されたような気がする。きっかけを作ってくれた「菜の花街道」の方たちに感謝したい。

荒井退造の足跡

二〇一六（平成二十八）年二月八日十二時十五分、羽田発の沖縄行きの飛行機に乗った。

いつもならゆったりとした気持ちで沖縄の情景を思い浮かべながら飛行機に乗っているのに、今回はちょっと違う。真冬の二月に行く沖縄は初めてだ。私の知らない沖縄があるに違いないと好奇心は全開待機中であるにもかかわらず、心は軽くない。

沖縄本島の最北端から那覇市を結び、沖縄の大動脈となっている東シナ海に臨む国道五十八号線は、鹿児島県鹿児島市から種子島、奄美大島を通り那覇市までのルートを指すのだそうだ。フェリーで結ばれる海上航路部分が国道扱いになっていることに驚いた。海上区間を含む国道の路線別総延長で日本最長だそうだ。

母の実家は、沖縄本島北部にある羽地《はねじ》で、よく叔父に連れて行って貰った。その帰り道、海岸線を走る五十八号線から眺める海が大好きだった。一日の終わりを告げる夕暮れ、大きくて力強い太陽が没しようとする時、その光を受けた海は、無数の宝石をちりばめた波を七色に輝かせる。その美しさはいつまで見ていても飽きないほど素晴らしい。若い頃に見たあの夕陽の美しさが忘れられない。

そんな沖縄の海を回想しながらはやる気持ちで機内の座席に座っているはずなのに、今回は身体のどこかで緊張感が抜けない。何か重い物を感じていた。

それは、今度の沖縄行の目的が、荒井退造に向き合おうと一念発起したことにある。それは分かっている。ただ心の整理がついていないだけなのだ。

戦争中、国策として出された疎開事業を積極的に進めた警察部長が、栃木県出身の荒井退造だった。その疎開事業が生んだ悲劇が対馬丸事件だった。私の親戚を含む多くの沖縄県民の命を救った。沖縄の恩人・荒井退造と、母が生涯背負ってきた苦悩や、亡くなった子供たちの遺族の感情、それらをどう折り合いをつけるべきか、私はまだ悩んでいた。しかし、荒井退造に、より深く触れ、身体で何かを感じることで、一つの合意点が見つかるのではないかという希望はかすかにあった。荒井警察部長が島田叡知事とともに、降り注ぐ砲弾を避けながら摩文仁の丘まで命がけで移動したルートを辿ってみるのが、今回の旅の目的だった。

荒井退造の実績は『沖縄の島守』から学んだ。前述したとおり、沖縄県民の疎開準備要項発令が政府から出されたにもかかわらず、当時の県知事はじめ上層部は逃げ腰で、県庁の機能は失われていった。それも影響してか、県民は疎開することに対して消極的だった。しかし、荒井警察部長はあらゆる手段を用いて、県外疎開を進めて行った。結果として多くの住民を疎開させることが出来たのだ。軍との交渉事も一手に引き受け、知事の仕事も肩代わりし、ひたすら県民の命を守ることに徹して孤軍奮闘した。

対馬丸事件が起きたのはその最中《さなか》だった。引率教師だった母が生涯苦しめられた事件である。忠実に、誠意をもって取り組んだ使命が、学童を死なせることになってしまった。荒井警察部長はその狭間で苦悩した。

それでもこの悲劇を乗り越え、疎開事業を続行したことが多くの沖縄県民の命を救うことに繋がった。仕事熱心で責任感の強い荒井警察部長は自分の命を顧みず、真っ正直に職務に当たったのだ。その功績は末永く言い伝えていかなければならない。

同時に、多くの幼い命を奪った対馬丸事件、そして、「先生……」と細る声を出しながら沈んで行った女の子を忘れず、沖縄には帰らず、栃木で一生を過ごし、「自分は生きるべき人間でなかった」と話す母の生きた証《あかし》をも、伝え続けていくのが私の使命だ。

沖縄では知られていない荒井退造

この旅の半年前、大阪の勝子叔母が宜野湾《ぎのわん》市の老人ホームに入所した。妹のヨネ子叔母が誘ったらしい。どこか悪くなったからというわけではない。今回の沖縄行は、勝子、ヨネ子両叔母を見舞いに行くことも目的の一つである。

これまで勝子叔母は、私の頼みに応えて、幾度も戦争中の話をしてくれた。おかげで両親のこと、親戚のことを知り、書き残すことが出来た。

その叔母は九十六歳になっていた。慣れない携帯電話を操り、時々は電話を掛けて来てくれる。電話の向こうから聞こえる声は元気でしっかりしている。長らく大阪住まいが続いた勝子叔母にとって、沖縄は懐かしく心豊かに暮らせるところに違いない。

那覇空港に着いた途端、亜熱帯のふんわりとした空気が全身が包む。この感覚は何なのだろう。懐かしさと安心感、言いようのない幸福感が、頭から足の先まで満たされる。機内から建物へと続く通路には、ランの鉢花が並べられていた。南国の香りが漂っている。沖縄の方言も聞こえて来る。私の中の五感が活性し始めている。残りの一つは、沖縄そばである。どこで食べようかと頭を巡らせるのも楽しみの一つだ。

沖縄というところは、一年の半分以上が真夏ではないかと思う。暑いとはいえ木陰に入ると、真上から浴びる強烈な太陽の熱を遮断してくれる。それにいつも海風が吹いて、自然の涼しさを感じることも出来るのだ。

冬の沖縄はどうか。機内から出てみると巨大な温室に入ったような感覚で、空港内はいかにも南国だと感じさせる原色豊かな色の花々が咲いていた。

沖縄は両親が生まれたところである。熊本生まれの自分自身の細胞の始まりもここにあると感じる。空気も人混みも、街路樹も、すべての植物や花も心地良く私を受け入れてくれるのだ。機内で過ごした二時間半、先ほどまで憂えていたものは何だったのか、どこかへ行ってしまった。タクシー乗り場の方へ歩くと「よし、荒井退造を取材するぞ」という気になっていた。

空港を出てタクシーに乗った。沖縄はタクシー天国で、待機している車がずらーっと並んでいる。初めて来る冬の沖縄。車中から変わった景色はないかと思い、目を凝らして外を眺めていた。庭先に青いバナナがなっているのを見つけた。また、青くて丸っこい実がたわわになっていた植物も見たが、何の果物か聞き損なってしまった。

当然ながら行き交う人々は皆、長袖姿だった。しかしタクシーの運転手の話では、ちょっと暑いと冷房をかけるという。やはり亜熱帯の気候なのだ。

続いて聞いてみた。「荒井退造という人をご存知ですか?」。運転手は知らないと答えた。栃木から来たことを告げ、ひとくさり彼について話した。運転手は真剣に聞いてくれた。「これからも新聞などに出ると思いますので読んで下さいね」としっかり宣伝した。

この沖縄滞在中、取材目的もあって四回程タクシーに乗った。同じように質問を投げ掛けてみた。島田叡知事のことは知っていても、荒井退造警察部長のことは知らない人が多かった。

沖縄に赴任したのは、荒井警察部長の方が島田知事より約一年七か月早かった。疎開を嫌がっていた人が多い中、苦労して県外疎開を一人で指揮して、七万三千人を安全に九州に疎開させた人なのである。その功績も、知事の陰に隠れてしまうのだと寂しさを感じた。

現代でも住んでいる県の知事の名を知っている人は多くても、警察本部長を知る人が少ないのは仕方ない。しかし、窮地に陥った沖縄で、疎開により多くの人々を救う下地を作ったのは、荒井退造だということを、もっと沖縄の人々に知ってほしい。栃木県に住む者として、かつて沖縄の人びとのために、命を惜しまず尽くした人物がいたことを沖縄の人たちにも分かって欲しいと思う。

第三十二軍司令部壕から摩文仁の壕まで

復元された首里城の玄関とも言うべき守礼《しゅれい》の門を仰ぎ、その側を通って、第三十二軍司令部壕に向かった。今回の取材のスタート地点である。チャーターした観光タクシーの山下運転手は、この近くに世界遺産にも指定された琉球王家の別邸「識名園《しきなえん》」があると話してくれたが、そこは別の機会に行くことにした。田村洋三氏が作成した地図を渡し、「なるべくこのルートを通って下さいね」とお願いした。他にも寄れる戦跡があれば行って欲しいことも伝え、あとは山下運転手に任せることにした。

首里城の下にある第三十二軍司令部壕で、今残っている入り口跡を確認した。鉄格子で封鎖されていたが、コンクリートで固められた堅牢な壕だったそうだ。現在は内部の侵食が進んでいるとかで公開されていない。四方形の小さな入り口からは腰をかがめないと入れそうにない。七二年前、島田知事も荒井警察部長もこの入り口から出入りし、第三十二軍の指揮官陸軍中将牛島満や長勇参謀長と会っていたのだろうか。

この司令部壕から車で二〇分。真地《まあじ》という場所に新県庁・警察部壕があるというが、小高いところにあって行きにくい所らしい。あのあたりですよと指さしてくれた。数日後に行くことになる県庁・警察部壕を横目に車は進んだ。

荒井たちがこの壕を出たのが、昭和二十年五月二十五日。東風平《こちんだ》村志田伯《したはく》の壕を目指した。一行が通ったと思われる道は、当時の面影はなく、ほとんど拡張され綺麗に整備されていた。周りの住宅も新しく建てられたものだった。

主な地点を通る時、山下運転手は、ここは仲井真《なかいま》、八重瀬《やえせ》町外間《ほかま》、友寄《ともよせ》という風に交差点の場所を示し、「以前の道はここだったかも知れない」と言いながら集落の中のくねくねした細い道を通ってくれた。途中、山下運転手は、狭いでこぼこの砂利道に入り、「当時の道路はこんな感じだと思いますよ」と指さしてくれた。

荒井警察部長たちは、砲弾を避けながら、夜間だけの行動で、途中の壕に立ち寄りながら暗闇を南下した。その道を車で進んでいくと、途中、両側にサトウキビ畑が広がっていた。もっとも当時は、「鉄の暴風」と言われる米軍の激しい空襲や艦砲射撃が続いていた。サトウキビ畑は文字通り焦土と化していただろう。サトウキビの青々として、葉がザワザワしている平和な景色を、荒井退造や島田叡に見せてあげたかったという思いが込み上げてくる。戦争が起きなかったら良かったのにと思える平和な静けさだ。

私はタブレットのシャッターを押し続けた。田村さん作成の地図に記されている地名の場所は、全部回った。山道であっただろう当時の名残はなかったが、荒井らの気持ちを想像しながら摩文仁まで進んだ。その途中、最後の県庁となった轟《とどろき》の壕を訪ねた。

轟の壕

沖縄戦当時、一千人以上がひしめき合っていたという「轟の壕」は、二月だからなのか観光客は誰もいなかった。タクシーを降りて一人で壕に向かった。うっそうとした緑の中は森閑として何の音もしない。暑くも寒くもなく、葉を揺らす風の音さえ聞こえない。不気味に静まり返っている。本で読んだ戦時中の出来事が頭の中を駆け巡る。怖くなったので考えるのをやめた。一度空を見上げ、気を取り直して進むことにする。山下運転手が後ろから声を掛けてくれた。

「危ないから奥の方まで行かないで下さいよ」

壕というと、分かりにくい入口の穴があって、そこから横の方に延びているのではと想像していたが、ここは違った。観光地にはほど遠い雰囲気で、駐車場もないらしい。車は道路のわきに止めるしかない。琉球石灰岩の石だらけの台地が広がっていた。すり鉢状に真ん中は引っ込んでいる。その一角に大きく口を開けたような穴があって、そこに通じる細い通路が下の方に向かって、奥深く螺旋《らせん》状に回り込んでいるように続いていた。当てにならない形ばかりの手すりと、適度にコンクリート補強された坂道は、歩くのに注意が必要だ。

この壕は東西一〇〇メートルに延びる巨大さで、一～三階と三層構造になっていて、内部には川が流れているそうである。少し降りると祭壇があった。生花が飾られていた。誰か来たのだろうと温もりを感じた。ちょっと救われる思いだった。この先は暗くてとても進む気にはならない。

下から押し上がって来る静寂の中にも騒《ざわ》めく魂の声を感じ、怖くなった。危険だから奥まで行かないようにと言ってくれた意味が分かった。背筋が震えるような気味悪さも感じた。急いで引き返した。南城《なんじょう》市の玉泉洞《ぎょくせんどう》に行ったことがあるが、そこと同じ鍾乳洞形態の壕だとすれば、内部は想像出来る。

糸満市のホームページによると、ここには県庁幹部職員だけでなく、大勢の住民が避難していてごった返していたらしい。昭和二十年六月十五日、島田知事は部下に自由を与えるために、警察部を含む県庁解散を宣言した。この頃には荒井警察部長はアメーバ赤痢に侵され、苦しんでいた。その後、二人は摩文仁の軍司令部壕に向かった。

島田知事、荒井警察部長一行が摩文仁へ移動した後、轟の壕に日本兵がなだれ込んできた。避難住民たちは湿地帯に追いやられ、乾燥した居心地のいいところは兵士たちが占領したという。米軍の攻撃が続く中、投降も許されず、外にも出られず、餓死者が続出したという。

私が感じた「騒めく魂の声」は亡くなった人たちの喘《あえ》ぎだったのかも知れない。何とも言えない感覚だった。外に出て車までの間、垣根の花が綺麗に咲いていて、傷んだ心を優しく包み込んでくれた。本当にこの花たちに救われた。私は、花の一つ一つを見つめ続けた。

摩文仁の丘に着いた。平和祈念公園の中に、荒井退造警察部長と島田叡知事の墓標が、長い階段を登った先に、高々とそびえている。その墓標の後ろに、島田知事、荒井警察部長の終焉の地、軍医部壕入り口があった。感無量だった。こんな小さな穴から出入りしたのかと思うと、当時の厳しさが伝わってくるようだ。少し離れた左隣に栃木の塔が建っている。

荒井退造も島田叡もこの摩文仁のどこかに眠っているはずだ。もう、戦争は起きないと信じているに違いない。

県庁・警察部壕

翌々日、元沖縄県副知事の嘉数《かかず》昇明《のりあき》氏のご厚意で、県庁・警察部壕を案内して頂けることになった。「琉球新報」の知花さんの紹介だった。

県庁・警察部壕を管理している繋多川公民館では嘉数さんや南《みなみ》信乃介《しんのすけ》館長から説明を受けた。

平和祈念公園内に建てられた島田叡知事と荒井退造警察部長の墓標

嘉数さんの車で密集している墓地の中を縫うようにして進んで行った。沖縄のお墓は亀甲《きっこう》墓《ばか》や破風墓《はふばか》という形式で大きな屋根がついていて広々としている。墓の間の道は狭くて勾配《こうばい》がきつい。カーブをいくつも曲がった。ちょっと広いところで車を降りた。

県庁・警察部壕は墓地の下に出来た自然壕だった。こんなところに壕の入り口があるのかと驚かされた。それも小さな穴だ。木や草が生い茂っていれば、見つけるのは相当困難だろうと思われた。現在は危険防止のため柵がしてあって、南館長が管理している鍵を用いて開けないと入れないようになっている。

南館長が柵を開けた。対馬丸会館の常任理事の外間邦子《ほかまくにこ》さんも一緒に壕の中に入ってくれた。ガイドの島袋愛子さんが入口のところで丁寧に説明をしてくれた。この地質は琉球石灰岩で、とても固く頑丈とのこと。サンゴ礁や貝殻などが何万年も掛かって堆積したものだと先日の山下運転手さんに教えてもらっていた。ただ私の取材のために、これだけ大勢の方が協力して頂いたかと思うと申し訳なく感謝の気持ちでいっぱいだった。

公民館に貸して頂いたヘルメットを着用し、入り口の小さな穴から滑り落ちるようにして急勾配の坂を降りた。中は暗い。南館長がすぐ懐中電灯で照らしてくれた。鍾乳洞みたいに天井から突起が下に向かって出ている。やはりヘルメットにぶつけてしまった。

やがて広い空き地のような場所に出た。ここが四月二十七日、最後の市町村・警察署長の合同会議が開かれたところだという。

「荒井部長さんはここに座っておられましたよ」

島袋さんのガイドは流暢で、聞き逃したくはない内容ばかりだった。荒井退造を思いやっているような言葉でとても温かさを感じた。ボイスレコーダーを用意しておけばよかったと後悔した。荒井警察部長は趣味の囲碁をやっていたそうで、この場所からはいくつも碁石が見つかっているという。

「ライトを消しますよ」と声が掛かり、次の瞬間、真っ暗闇になった。日常はこの暗さで過ごしていたようだ。現代社会から飛び込むと、この暗さは恐ろしさしか感じない。

県庁壕前で。右から私、島袋愛子さん、１人おいて嘉数昇明さん、外間邦子さん（琉球新報提供）

それでも目が慣れると、暮らせるのだろうか。ろうそくの明かりがあったとはいえ、真っ暗闇の世界だ。そこで荒井退造は二か月間、その後合流した島田知事と一か月を共に過ごしたのだ。

地元の新聞、「沖縄タイムス」と「琉球新報」の記者も同行してくれ、翌日の新聞には、荒井退造の記事が掲載された。

ガマフヤーの具志堅隆松氏

今回の取材旅行の前に、対馬丸記念会理事長の髙良政勝氏に「ガマフヤー」の具《ぐ》志《し》堅《けん》隆松《たかまつ》氏にお会いしたいと無理にお願いしてあった。具志堅氏は三〇年以上、ボランティアで遺骨収集をされて来た方だ。「ガマフヤー」とは「壕を掘る人」という意味で、沖縄大学の特別研究員もされている。

実は、勝子叔母が心にかけていた義父・長嶺義孝の遺骨を見つけられないかと密かに考えていた。遺骨収集に関して、私は全くの素人だ。具体的にどのようにするのかを知りたいと思ったのだ。だが、高良氏に頂いた具志堅氏の著書を読むと、私が考えていたような甘いものではなかった。数日間の沖縄滞在中に実現出来るようなものではない。浅はかな考えに恥じる思いだった。

お目にかかっても、長嶺警部の遺骨を見つけたいという希望を述べることすら憚られた。現場の見学だけでもと考えたが、興味半分では迷惑を掛けるだけだと思い、口にも出せなかった。そもそも、長年にわたって大勢の人が尽力したにもかかわらず、荒井退造や島田叡の遺骨も見つかっていないのだ。

具志堅氏は、戦争に駆り立てられて亡くなった人に敬意を払い、家族の元にその人が帰れるように念じながら作業しているのだという。遺骨が出ると、位置を動かさないように刷毛《はけ》などを使って土を払い、じっくり観察して亡くなった時の状況を調べるのだと話してくれた。根気のいる仕事に頭の下がる思いだった。

また具志堅氏は、遺骨が家族の元に帰れないことに、国に対して憤りを感じているという。国が戦争を起こし、勝手に兵隊を集めそして死んだらそのまま。遺骨収集して家族の元に帰してやるのは国の仕事ではないのかと怒りを籠めて語った（最近になって、厚生労働省は、収集された戦没者遺骨の身元を特定するため、ＤＮＡ鑑定を行い、遺族に遺骨を返還する事業を行っているそうだ。戦争で亡くなった人たち全員が家庭に帰れるよう祈りたい）。

二つの相反する事実に向き合う

母は、晩年になって対馬丸事件について人前で話すようになったが、亡くなった子供たちのことを思ってのことであり、決して自分の心の内をあからさまに吐露したわけではない。話したことで心が軽くなったと言っているのだから、母にとっては良かったことだと思う。

もし母が生きていたら、私は今のように、対馬丸についての語り部は出来ない。あまりにも母が可哀そうだからである。母は、子育てが一段落した五十歳頃から短歌を始めたと、前述した『引率訓導たちの記録』の聞き取りインタビューに答えている。対馬丸の歌を作るたび涙が溢れ、子供たちの顔が浮かんでくるのだと。このインタビューを読むたび、私自身、胸に詰まるものを感じる。

二〇一一年に母が亡くなって四年後、私は沖縄県民の命の恩人だという荒井退造の存在を知った。その後、田村洋三氏の著書『沖縄の島守』『沖縄の島守を語り継ぐ群像』を読んで荒井退造の沖縄における偉業を知った。沖縄県民二〇万人を救った人だということも充分理解出来た。そして私の親戚の多くが助かったのも、荒井退造が強く勧めた疎開事業のお陰であると認識している。沖縄にルーツを持つ自分として、多くの沖縄県民を救ってくれた感謝の気持ちもある。それを栃木県民として誇りに思いたい。

しかし、頭の中では理解出来ても、対馬丸事件を考えた時、どう解釈したらいいのか。現実に対馬丸事件の遺族側とどんな気持ちで向き合って行ったらいいのか。今でも私は悩んでいる。

この二つの事柄を融合させる考え方は出来ないものか。

対馬丸に乗ったために並大抵ではない大変な苦労を背負って来た母。この母の人生を無駄にしたくない、事実を埋もれさせたくない、その体験と母自身が願っていたことを伝えて行こうと私は心に決めている。

母がいつも憂えてきた対馬丸の子供たちのこと、その親御さんのこと、そして栃木の偉人、沖縄疎開の恩人、荒井退造。この二つを近づけるためには荒井退造についてもっと知らなければならない。何か身体で感じるものがあるはずだと取材を重ねた。

荒井退造の生家と瀧の原主義

二〇一五年の九月のことだったと思う。菜の花街道荒井退造顕彰委員会会長の荒井俊典氏に案内してもらい、宇都宮市清原にある退造の生家と、その近くの墓も訪ねた。魂は還っているに違いない墓前で手を合わせ、対馬丸の遺族であることを告げた。

荒井退造の姪御さんお二人がご高齢なのに来て下さっていたことには、感謝だった。お二人は、退造さんは物静かな人だったと話して下さった。それ以上のことは覚えていないとのことだったが、直接知っている人たちにお会い出来、生身の退造を感じられた。

荒井退造の強靭な精神力、一本気で実直な性格は何処で育まれたのか。彼が卒業した現宇都宮高校を訪ねた。当時の齋藤宏夫《さいとうひろお》校長が案内してくれたのが構内にある石碑だった。その碑には基本精神となる校訓である銘文が刻まれていた。

瀧の原主義

瀧の原主義とは何ぞ
瀧の原男兒の本領を云う
瀧の原主義は人物を作らんとするにあり
剛健なる真男子を作らんとするにあり
浮華軽俗なる時代精神に反抗せんがために
否、寧ろ之を救済せんがために

瀧の原男児を作り上げんとするなり
明治四十年十二月
文学博士　臨風　笹川種郎（第八代校長）

再度この碑を訪ね、前に立ってみた。荒井は毎日この碑に目をやりながら学生生活を送っていたのかも知れない。碑文を何度も読んでいると、真っすぐで純粋な心の持ち主の退造とが重なって見えて来る。

瀧の原とは地名である。第八代校長の笹川臨風《ささがわりんぷう》（本名種郎《たねお》）は、歴史家、評論家、俳人であり、この後、明治大学教授になった。

荒井退造の礎石となった剛健な性格は栃木で育まれたであろうことを誇りに思う。荒井退造を初めて知った日から何年も経ったが、彼が沖縄を深く愛し、警察部長職を全うしたと理解出来た。だからこそ命を懸けて沖縄に尽くしてくれたのだ。

対馬丸事件を語る時、荒井退造は誠心誠意、疎開事業を進めたのだと声を大にしたい。

命どぅ宝

沖縄には誉れ高い言葉がある。

命《ぬち》どぅ宝《たから》。

命は宝であり、最も尊いものである、という意味だ。この言葉は琉球王国最後の尚泰《しょうたい》王が、首里城を明け渡す時に詠んだ歌の中から来ていると言われている（沖縄出身の作家・山里永吉が一九三二年に発表した、尚泰王が主人公である戯曲『那覇四町昔気質』の台詞が原典という説もある）。

いくさ世《ゆ》もしまみち弥勒世《みるくゆ》もやがて嘆《なじ》くなよ臣下《しんか》命どぅ宝

（争いの世が終わり　やがて弥勒仏の世が訪れる　臣よ嘆かないでくれ　命あっての物種）

宇都宮高校構内にある瀧の原主義石碑

島田叡知事も荒井退造警察部長も、この言葉を使って部下や周りの人たちを諭している。「むやみに命を捨ててはいけない。生きて、生きて、生き延びろ」と。「生きかりる―うぇ―かや、生きちゅしやさ」（生きられる間は生きるべきだ）

「命どぅ宝」の思想が現れた言葉である。この言葉や考えで渡嘉敷島の集団自決から生き残ったという証言もあるそうだ。
沖縄戦の教訓の原点が「命どぅ宝」にある。

＊［参考文献・資料］『沖縄の島守　内務官僚かく戦えり』（田村洋三著・中公文庫）、『沖縄の島守を語り継ぐ群像――島田叡と荒井退造が結んだ沖縄・兵庫・栃木の絆』（田村洋三著・悠人書院）、『たじろがず沖縄に殉じた荒井退造――戦後70年 沖縄戦最後の警察部長が遺したもの』（NPO法人「菜の花街道」荒井退造顕彰事業実行委員会）、『戦さ世の県庁　記録集成』（荒井紀雄著・中央公論事業出版）、『群青の墓標――最後の沖縄県官撰知事・島田叡』（横家伸一著・文芸社）、『僕が遺骨を掘る人「ガマフヤー」になったわけ』（具志堅隆松著・合同出版）、平和祈念館公式ガイドブック、沖縄タイムス記事、琉球新報記事

あとがき

この本の題名は、母の短歌の中から取った。

子供等は蕾のままに散りゆけり嗚呼満開の桜に思う

このあとがきを書いているのは、桜が満開の春だ。母も、同じ季節にこの歌を詠んだのだろう。カバーの文言を考えるのにとても時間が掛かった。気の遣いようが尋常でないほどに考え込んだ。この本の内容が、相対《あいたい》する立場にある「対馬丸」と「荒井退造」を同居させようとしたところに原因がある。従妹兄妹、沖縄の記者にも相談し、意見を聞いてみた。沖縄の対馬丸のご遺族の方々にとって、カバーの印象はどうだろうか。一番大事な顔に当たる表紙、少しでも気に障るような言葉は避けなければならない。

二〇一一（平成二十三）年、大阪の新風書房に、母の「対馬丸事件の悲劇」を応募したのが最初だった。母が亡くなって一か月しか経ってなかったが、母の体験を埋もれさせてはいけないという気持ちが強かった。もっと世に出し、アピールしなければならないと新聞にも投稿した。

その後、夫を通して知ることになった埼玉県草加市の同人誌『埼東文学』に、私は自分の稚拙な文章であることにも顧みず、寄稿させてもらえることになった。何の下地もなくいきなり飛び込んだ世界だったが、年二回発行の『埼東文学』の締め切りには間に合うように、対馬丸事件のことを一生懸命に書いた。当時の海野編集長には細かく文章チェックして頂いたことが、今に繋がっているのだと思う。さらに、合評会では、染谷主宰、同人の皆様のご意見、ご指摘有難く、感謝の思いでいっぱいだ。

『埼東文学』に掲載した文章は、読者の方によく分かってもらえるように、その都度、完結するような形態にした。今年になって、一区切りをつけるため、これらを一冊に纏《まと》めようと決心した。だが、具体的に個々の文章を配列しようかと考えた時、壁にぶつかった。それぞれの文章を書いた時の時代背景や、自分のことも丹念に表現してきたことが邪魔して、作品を並べられなくなってしまった。まるで迷路の真ん中に放り出されたようだった。

こんな私を救ってくれたのは悠人書院の福岡氏だった。去年の夏、荒井退造顕彰事業の集まりがあった時だった。彼に私の悩みを相談してみた。時系列はあまり考えなくてもいいですよと言ってくれた時は、本当に嬉しかった。私はこの方に編集、出版をお願いしようと決めた。

そして、今まで書いたものに少し手を加え、書き直し、すべての原稿を送った。しばらくして組み上げられたゲラ刷りで戻ってきた。そして、プロの校閲の方が見て頂いたことで勉強になった。正しい字の使い方ばかりでなく、歴史は正確にと指摘されたのは有難かった。

福岡氏が編集してくれた目次を見ると　良い本が出来そうな気配を感じた。完成が楽しみにさえ思えて来た。

また、『埼東文学』主宰の染谷洌先生が「『蕾のままに散りゆけり』に寄せて」を書いて下さったことには感謝しかなく、有難く心強かった。

この本を刊行するに当たって、私自身はあくまでも対馬丸の犠牲者側にいるのは当然だが、荒井退造側にも立って疎開事業を考え、一つの立場から俯瞰《ふかん》し、平和活動を進めることは出来ないだろうかという挑戦を、沖縄でも実行したい気持ちもある。私が栃木県にいて、対馬丸を通して平和活動をしていることには、荒井退造も含めたところに意味があるのではないかと思うようになったからである。

今の平和を維持して行くための活動には、平らかに歴史を正しく知り、伝えて行くことが必要ではないかと思う。ただ沖縄で話す時にはもっと、私自身の勉強が必要だと感じている。

先の戦争であれだけ痛めつけられた沖縄の人々にとって、感情論を抜きにすることは出来ないことである。

もう九年前の話になる。近くの小学校の鈴木廣志校長先生は、対馬丸事件に関心を持っておられ、八月の教職員の研修に対馬丸の話をして欲しいと言われていた。NHK宇都宮放送局の取材申し込みがあった時に、早速この話をすると取材に来てくれるとのことだった。

担当した三橋大樹《みつはしおおき》アナウンサーは、とても人懐《ひとなつ》こく明るくて、元気いっぱいの親しみの持てる人だった。対馬丸の話をする時は聞いて下さる方の立場で話すようにしているので、教師の方たちなら母の気持ちを理解してくれるはずだと思い、漂流している時の様子や、助けられなかった時の母の気持ちなど心を込めて話した。小学校の図書室に集まって下さった先生方の目には光るものが見えた。テレビ局の人たちも聞いている先生方の反応に興味を抱いたようだった。

我が家の問題として、姓の呼び方がある。私の旧姓は「新崎」。読み方は「にいざき」。ところが、沖縄では「あらさき」なのだ。母の名前を放送などで「あらさきみつこ」と紹介されると、間違っているのではないかという電話があると聞いた。

何故こうなったのか、いつ頃からなのかよく分からないが、父の話では、栃木に越して来てから、どうしても「あらさき」と読んでくれなかったそうである。父は業を煮やしたのか、諦めたのか「にいざき」でいいよ、となったらしい。私としては沖縄に通じる「あらさき」にしたいと思う。

母は自分が生きて来た「道」を感慨深く、また大事に思っていたようだった。「自分が通ってきた道」と表現したこともあった。母親と自分の歌集を出したいという話の時だったと思う。歌集のタイトルが提案されたことはなかったが、そんな意味を込めたいという話は何度か聞いた。決まってお正月の時だった。「今年こそは」と思ったのだろう。この「道」が歌集になることはなく、母は平成二十三年二月、突然逝ってしまった。その二年後の平成二十五年二月七日の命日に合わせて『紺碧の海から』を発刊した。

『紺碧の海から』の「から」にはこのような意味合いがあって、私がとても大事に思っている言葉である。

本書『蕾のままに散りゆけり』を刊行するに当たって、本当に多くの方々のご協力と励ましがあったことに感謝申し上げたいと思う。

まずは講演会を決め、丁寧にお世話下さった方々である。その時にはこの本が出ることも宣伝して下さり、大いに励まされたのである。どれだけ心強い思いをしたか、深く感謝申し上げたい。

過去には多くの友人、知人、数えきれないほどの人たちが心から温かく接して下さったことが走馬灯のように浮かんできます。深く感謝申し上げます。
今回の出版には、悠人書院の福岡様にはひとかたならぬご尽力を頂きました。ありがとうございました。本書のあとがきとさせて頂きます。

令和六年四月

上野　和子

『蕾のままに散りゆけり』に寄せて

染谷　洌

空と海の青、そしてサンゴ礁由来の白い砂浜とのコントラスト。私の抱く沖縄のイメージは、何処までも明るく、美しい。しかし、沖縄の人たちに刻まれた戦争体験は、決して消えることがないであろう。戦争の不条理さを思うと、沖縄戦の前に学童疎開船「対馬丸」がアメリカの潜水艦ボーフィン号の魚雷攻撃を受け撃沈された事件が、軍部に秘匿されてその全容が公表されていないということがある。

「対馬丸」事件の学童引率教師だった母と一族の苦難の実相を追い求めた娘の上野和子さんの随筆は、十六回に亘り文芸同人誌『埼東文学』に掲載された。「対馬丸」事件の全容に触れる前に、当誌の概要を述べたい。

人との出会いとは不思議なものである。

私の住む草加市で「地域に根差した文化」を提唱し、仲間たちと提言したのが市史編纂事業と街道文化作品の調査を紹介する会である。確か、昭和五十三（一九七八）年のことであった。

最初に取り組んだのが郷土出身の作家豊田三郎氏の調査と研究である。この趣旨に賛同する七名が集い、同人誌『埼東文化』を発行することになった。その創刊号に、特集「豊田三郎回想と研究」を組み、豊田氏と交流のあった作家たち三十余名の回想文と研究論文、詳細な年譜が掲載された。大きな反響が生まれると、豊田氏の文学碑建立に進み、その除幕式に作家水上勉氏が来草し講演することになり、記念講演会には五百人ほどの市民が参集し盛会であった。

同人誌から草加市発行の市民文芸誌『ふれあい』に移り、街道文学作品の特集が十五号まで続き定着した折りに、埼東文化会員の中から原点回帰が求められたのである。確かにかなり多忙であった。『ふれあい』編集のほかに、市広報一面記事の連載と文庫本の刊行、国際シンポジウムの開催、さらに「奥の細道文学賞」の下選考（四百余篇の応募作品）。その傍らで自作品の創作活動が十五年間続いたためである。

埼東文化会では『埼東文学』と誌名を替え、年二回の発行とし再版した。確か十三号の編集委員会の席で、上野和子さんの話が出たように思う。当誌編集長の海野昌英氏の母が高齢となり栃木県の老人ホームを探しており、偶々条件の合う特別養護老人ホーム幸寿苑を訪問し、手続き完了した折りに、幸寿苑の施設長である上野辰夫氏が高校時代の同級生と判った。お互いに近況報告をしていると、上野氏の妻である和子さんが、彼女の母君、新崎美津子さんの歌集を出版したので謹呈するという。これにより交友の縁が出来た訳である。歌集『紺碧の海から』であった。

この歌集は、太平洋戦争のために離婚を余儀なくされた和子さん祖母と、戦争中に起きた学童疎開船「対馬丸」事件の引率教師だった母との二人が遺した短歌と和子さんの随筆を纏めた刊行本である。戦争に翻弄された祖母と母が詠み綴った歌には私も感涙した。そしてその時上野和子さんの母が、沖縄の学童疎開の引率教師であったことを、初めて知った。そしてあの忌まわしい事件の真実を語れる人は他にはいないと確信し、編集長に上野和子さんの文章を読みたいから収載外の随筆一篇を送って呉れるよう依頼した。届いた作品が「萌黄色のほほ笑み」である。随筆ながらも構成といい、観察力といい、表現力といい、作家的才能に恵まれている方と直感して十四号に掲載し同人に加入して頂いた。以来、対馬丸に関する評論と随筆が十六篇に達している。

改めて「対馬丸」事件に触れると、昭和十九（一九四四）年八月二十二日、沖縄から長崎に向かっていた学童疎開船「対馬丸」が、アメリカの潜水艦ボーフィン号の魚雷攻撃を受け、七八四名の子供たちを含む一四八四名が船と共に犠牲になった事件である。他の学童疎開船は標的にはならなかったのに、何故対馬丸だけが標的となったのか疑問に思っていた。その頃、日本軍の暗号が米国に解読されており、対馬丸は軍艦として書き上げられていたらしい。そのために学童疎開船対馬丸が軍艦扱いされ、魚雷攻撃を受けたのだった。これも不幸であった要因であろう。

上野和子さんの母は、学童疎開船「対馬丸」の引率教師である。四日間の海上漂流を経験し、漁船に助けられて生き残り、多くの子供たちを救えなかった自分を責めた。暗黒の海上で自分を呼ぶ子供たちの声は、一生忘れることは無かったのであろう。この時の思いが、五十年以上も母が頑なに口を噤んでしまった原因であろう。

国策だからと本土への疎開を強制され、良かれと思っていたことが最悪の結果となり、自分を責めてしまう。国と国の争いに巻き込まれ、人生を大切にしようと生きて来た縁戚と家族たちの姿を描いたこの作品は鎮魂の書であると言えよう。

沖縄戦や対馬丸事件の記憶と関心が薄れつつある状況について、文化に携わる一人として私も深く自省するしかない。根本的な問題もある。それは沖縄戦と対馬丸の一次資料が隠滅もしくは焼失したとされてきたし、行政の資料についても同じような状況であった。つまり、一次資料をもとに研究する専門家にとっても、メディアにとっても証言以外のファクト・事実が極端に少ない。

そういう現実の中で、学童疎開船対馬丸事件の真実を証明しようと長い歳月を費やし、真実を語ることで永久に還らぬ児童への鎮魂を捧げる上野和子さんの存在は貴重であろう。またこの事件の最後の語り部とも言えよう。二度と戦争のない平和を、本書は祈念している。

（そめや・きよし／文芸評論家、歴史研究家、関東学研究会会長）

上野かずこ

本名・上野和子。昭和 22（1947）年 4 月 2 日、熊本県芦北郡佐敷町生まれ。昭和 43 年 3 月、東洋女子短期大学英文科卒業。昭和 45 年 3 月、清水学園洋裁科卒業。昭和 60 年 2 月、結婚。昭和 51 年～平成 12（2000）年、自宅で英語塾を経営。平成 27 年より対馬丸事件の語り部を始める。令和 2（2020）年 5 月 11 日、公益財団法人対馬丸記念会・対馬丸語り部認定。趣味は読書、旅行、健康管理、英語

蕾《つぼみ》のままに散《ち》りゆけり

対馬丸《つしままる》から生還《せいかん》した教師《きょうし》の魂《たましい》を娘《むすめ》が辿《たど》る

2024 年 6 月 3 日　初版発行

著　者　上野かずこ
編　集　福岡貴善
発行所　悠人書院
　〒 390-0877 長野県松本市沢村 1-2-11
　電話／ 090-9647-6693
　E メール／ Yujinbooks2011@gmail.com
印　刷　日本ハイコム株式会社
製　本　ダンクセキ

ISBN 978-4-910490-11-3　C0021